Normalien, agrégé de lettres, membre du groupe de recherches sur Victor Hugo (Paris-VII), **Olivier Decroix** enseigne en classes préparatoires à Paris.

Normalienne, agrégée de lettres classiques, titulaire d'une thèse sur l'ironie romantique, **Marie De Gandt** enseigne à l'université de Bordeaux III.

OLIVIER DECROIX
ET MARIE DE GANDT

Le romantisme

Gallimard Éducation

Florilège

« Que c'est un fatal présent du ciel qu'une âme sensible ! » (Jean-Jacques Rousseau, *La Nouvelle Héloïse*)

« Levez-vous vite, orages désirés, qui devez emporter René dans les espaces d'une autre vie ! » (Chateaubriand, *René*)

« Le poète en des jours impies
Vient préparer des jours meilleurs.
Il est l'homme des utopies ;
Les pieds ici, les yeux ailleurs. » (Victor Hugo, « Fonction du poète »
dans *Les Rayons et les Ombres*)

« Toute la maladie du siècle présent vient de deux causes ; le peuple qui a passé par 93 et par 1814 porte au cœur deux blessures. Tout ce qui était n'est plus ; tout ce qui sera n'est plus encore. Ne cherchez pas ailleurs le secret de nos maux. » (Alfred de Musset, *La Confession d'un enfant du siècle*)

« L'immensité d'un plan qui embrasse à la fois l'histoire et la critique de la Société, l'analyse de ses maux et la discussion de ses principes, m'autorise, je crois, à donner à mon ouvrage le titre sous lequel il paraît aujourd'hui : *La Comédie humaine*. » (Honoré de Balzac, Avant-propos de 1842 à *La Comédie humaine*)

« Qui dit romantisme dit art moderne [...]. » (Charles Baudelaire, « Qu'est-ce que le romantisme ? » dans *Salon de 1846*)

Romantisme, romantismes

Le romantisme est-il à proprement parler un mouvement littéraire ?
La question vaut la peine d'être posée dans la mesure où, tout au
long du XIXe siècle, questions esthétiques, sociales, politiques et historiques s'entremêlent au point que le romantisme semble provenir
bien plus d'une vision du monde, d'une idéologie, voire d'une philosophie que d'une simple question de goût et de mode.

Un mouvement de la pensée

Bien plus qu'une particularité de l'histoire littéraire française, le
romantisme est un mouvement de la pensée : alors même qu'il ne
peut se définir sans contexte historique et social, il paraît sans
cesse échapper à une catégorisation rassurante et transgresser les
limites qu'il s'imposerait à lui-même. Il possède ainsi le pouvoir
fascinant et paradoxal de fuir devant qui veut s'en saisir. Tous les
critiques et historiens qui se sont intéressés au romantisme
en ont proposé leur propre définition. Symptomatiquement, il est
d'autant plus difficile à définir qu'il est perçu de façon très

différente selon l'individu qui l'étudie et tente de le définir : être impartial semble impossible. Tenter de définir le romantisme, c'est donc s'engager psychologiquement et idéologiquement, consciemment ou non. Cette difficulté est sensible dès le xixᵉ siècle, alors que ce mouvement est au premier plan de la vie littéraire française et européenne. Aussi le journaliste Dubois écrit-il dans la revue *Le Globe* en 1824 : «On ferait tout un volume des définitions que les Romantiques eux-mêmes ont essayé d'en donner.» De même, le jeune Victor Hugo à qui on reprochait une obscurité propre à l'«exagération romantique» manifeste son désarroi dans la préface de ses *Nouvelles Odes* de 1824 :

> Pour lui [l'auteur de cet ouvrage, c'est-à-dire Hugo], il ignore profondément ce que c'est que le genre classique et que le genre romantique. [...] En littérature comme en toute chose, il n'y a que le bon et le mauvais, le beau et le difforme, le vrai et le faux.

et plus loin au sujet de ceux qui attaquent le romantisme :

> On veut laisser à ce mot de *romantique* un certain vague fantastique et indéfinissable qui en redouble l'horreur. Aussi, tous les anathèmes lancés contre d'illustres écrivains et poètes contemporains peuvent-ils se réduire à cette argumentation : – *Nous condamnons la littérature du dix-neuvième siècle, parce qu'elle est romantique...* – *Et pourquoi est-elle romantique ?* – *Parce qu'elle est la littérature du dix-neuvième siècle.* – On ose affirmer ici, après un mûr examen, que l'évidence d'un tel raisonnement ne paraît pas absolument incontestable. [...] Il faut en convenir, un mouvement vaste et profond travaille intérieurement la littérature de ce siècle.

Dire que le romantisme est la littérature de cette entité qu'est le xixᵉ siècle est une façon de dire que la littérature pense le siècle, l'époque, la société dans laquelle elle voit le jour. Toute la question pourrait être alors de savoir si la société de ce siècle est radicalement différente de la nôtre, si le début du XXIe siècle ne conserve pas, dans ses principes et ses structures, malgré les deux guerres mondiales et Mai 1968, des traces indélébiles du siècle de Napoléon, Louis-Philippe ou Mac-Mahon, et si, dès lors, le romantisme n'est pas toujours vivant littérairement, c'est-à-dire, au fond, idéologiquement. C'est pourquoi aborder la question du romantisme engage quiconque la pose, tente d'y répondre et s'y intéresse, hier, aujourd'hui et sans doute demain.

Cependant, les circonstances de l'apparition du mouvement romantique, son développement dans une société déchirée, en mutation, empêchent de s'en faire une vision trop rapide, qui s'avèrerait trop simpliste. Qu'est-ce que le romantisme ? Est-il possible de le définir ? N'y a-t-il qu'un romantisme ? Pour répondre à ces questions, il faut l'envisager tout à la fois d'un point de vue historique, social et esthétique.

Définitions et destinées lexicales

De façon simple, le terme « romantisme » est utile pour désigner un ensemble de mouvements artistiques et politiques qui s'épanouissent en Europe dans la première moitié du XIXe siècle. Ces mouvements éprouvent une grande méfiance vis-à-vis du rationalisme des Lumières et rejettent l'académisme dans l'art, l'étroite fidélité aux modèles gréco-latins ou plutôt à la régularité ronronnante et sans âme d'un classicisme pétrifié par ses héritiers les plus indignes. Il faut se garder de la caricature : l'âge classique et ses problématiques si fécondes n'ont pas beaucoup à voir avec le classicisme au sens restreint de l'institution de modèles à valeur normative. On comprend donc comment certains auteurs dits classiques peuvent garder une place dans le panthéon romantique et comment la perception parfois faussée que l'on a du classicisme provient d'une tension propre à la conception de l'art romantique et plus généralement de l'art au xixᵉ siècle.

Le mot lui-même, « romantisme », provient de l'adjectif et du nom « romantique » qui est un emprunt à l'anglais *romantic*, adjectif qui désigne ce qui se rapporte au roman, à son caractère merveilleux et chimérique : il est alors synonyme de « romanesque ». Dans la seconde moitié du xviiiᵉ siècle, on utilise ainsi le terme « romantique » pour qualifier des paysages, des jardins et des tableaux qui touchent la sensibilité à la manière des descriptions de roman. Peu à peu, « romantique » se détache de « pittoresque » et, autour de 1800, l'emploi du mot s'élargit à ce qui évoque la mélancolie, le mystère et l'imagination mais, parallèlement, le terme devient plus précis en français à partir du moment où il s'apparente à l'allemand *romantisch* : la valeur littéraire du mot provient essentiellement de son opposition au classicisme selon les théoriciens allemands Friedrich et August von Schlegel, relayés ensuite par la Française Germaine de Staël. Au début du xixᵉ siècle, donc, le terme « romantique » est attaché à la littérature inspirée de la chevalerie et du christianisme médiéval, par opposition à une littérature classique – ou néoclassique – qui prendrait appui sur l'antiquité gréco-latine. C'est à cette époque que naît cette opposition entre « romantique » et « classique ». Plus largement, le mot « romantisme », d'abord synonyme de « romantique », apparaît autour de 1820 pour définir le mouvement de libération de l'art qui se développe en France à cette période : le romantisme est alors une réaction vis-à-vis de la rigidité du classicisme et du rationalisme. Stendhal finira par adopter ce mot alors que, jusqu'en 1824, il lui préférait « romanticisme » – emprunté à l'anglais *romanticism* ou à l'italien *romanticismo* –, manifestant par là tout ce que ce mouvement d'idées doit à l'Europe et aux différentes langues qui la constituent : le romantisme français naît lexicalement des nations qui l'entourent...

Par extension, le terme a été plus que galvaudé, et sans doute utilise-t-on plus souvent le mot «romantique» pour définir ce qui semble à la fois sentimental et enthousiaste ou bien encore, de façon péjorative, pour stigmatiser ce qui manque de réalisme et désigner, notamment en politique, une attitude irrationnelle qui substituerait à l'analyse des faits un emportement presque mystique.

Origines et premières manifestations

Situer les débuts du romantisme français n'est pas chose aisée si l'on considère qu'il doit autant à Rousseau qu'aux auteurs allemands et anglais de la fin du XVIIIe siècle. Dans son roman épistolaire *Julie ou La Nouvelle Héloïse*, qui connut un succès considérable dès sa publication en 1761, Jean-Jacques Rousseau (1712-1778) fait appel à la sensibilité : le sentiment de la nature, l'intériorité de l'individu et la peinture des passions construisent ce roman majeur dont le héros, Saint-Preux, double imaginaire de Rousseau, est amoureux de Julie d'Étanges et souffre de ne pouvoir vivre pleinement sa passion. Ce personnage incarne les souffrances de l'«âme sensible» et, dans une lettre à Julie (Livre premier, lettre 26), il s'écrie : «Ô Julie, que c'est un fatal présent du ciel qu'une âme sensible! Celui qui l'a reçue doit s'attendre à n'avoir que peine et douleur sur la terre.»

▶ **Lumières et sensibilité**

L'ESPRIT CRITIQUE DU PHILOSOPHE

Le sentiment d'incomplétude de Saint-Preux est lié à la notion de sensibilité propre au XVIIIe siècle et qu'il faudrait ici mettre en perspective dans le contexte du siècle des Lumières. La figure du «philosophe» a quelque peu remplacé l'idéal humain de l'«honnête homme» du xviie siècle et il porte un regard neuf en exerçant son esprit critique sur chaque chose. L'esprit philosophique des Lumières – la métaphore a été inventée par Montesquieu – procède de la confiance dans la raison humaine et du rejet des superstitions qui conduisent à une remise en question des dogmes et principes métaphysiques et religieux. Il s'agit bien d'un plaidoyer en faveur de la liberté individuelle et d'un rejet de l'intolérance : ce sont les principes mêmes de *L'Esprit des lois* de Montesquieu, repris par Voltaire, Diderot, d'Alembert... Se comprend alors l'enthousiasme pour les progrès scientifiques et techniques. L'*Encyclopédie* témoigne de cette soif de connaissances et de progrès. Mais Rousseau s'en éloigne, car s'il partage le même désir d'une société meilleure et plus juste, il considère que le principe même de société implique un jeu d'apparences insincères – Rousseau n'est pas mondain mais solitaire, comme Alceste dans *Le Misanthrope* de Molière – et que le progrès technique est une forme de négation de la Nature.

LA RAISON LIÉE À LA SENSIBILITÉ

À côté de la raison triomphante, le xviiie siècle est aussi celui de l'épanouissement de la sensibilité. Mais il faut prendre garde : il n'existe pas, à proprement parler, de dissociation entre raison et sentiment, rationalisme et sensibilité, car il s'agit des deux versants d'une pensée du xviiie siècle. Le scientifique et philosophe Condillac (1714-1780), dans son *Traité des sensations* (1754), a la conviction que nos idées viennent de ce que nous percevons par nos sens. La pensée de la matière et du corps n'est pas sans conséquences sur cette sensibilité du siècle des Lumières, et les théories de Condillac inspirent les idéologues du xixe siècle. Déjà Marivaux (1688-1763), dans la première moitié du xviiie siècle, apporte sur scène la connaissance intuitive du cœur et met l'accent sur les émotions et la sensibilité qui se conçoivent dans l'ouverture à autrui et à soi-même : les voies de l'analyse de soi et de ses sentiments sont ici tracées, et la sensibilité traverse tout le siècle même si, en termes d'histoire littéraire, on la situe dans le dernier tiers du siècle. Plus tard, Denis Diderot (1713-1784) s'enthousiasme pour les ruines, dans son *Salon de 1767* – à propos de l'artiste Hubert Robert dont les toiles représentent souvent des ruines dans la nature –, et ce n'est pas sans rapport avec la mélancolie et le spleen, ou « vapeurs anglaises », dont il parle dans ses *Lettres à Sophie Volland* (1759-1774). La mélancolie, précisément, commence à connaître une certaine fortune, comme objet d'écriture, dans le dernier tiers du xviiie siècle avec, par exemple, l'essai de Madame Rolland, *De la Mélancolie*, en 1771, et trouvera son expression la plus grande d'abord dans le romantisme de Chateaubriand, puis tout au long du xixe siècle jusqu'à Baudelaire et son fameux spleen.

LES RÊVERIES DE BERNARDIN DE SAINT-PIERRE

La sensibilité s'appuie donc, au siècle des Lumières, sur les douces ténèbres de la mélancolie et de la nature, nature dont Bernardin de Saint-Pierre (1737-1814) peut être considéré comme le chantre le plus emblématique. Ingénieur, voyageur, écrivain, Bernardin est un disciple et ami de Rousseau dont il partage les promenades et rêveries avant que l'auteur des *Confessions* ne meure en 1778. Le rêve d'un âge d'or sentimental et champêtre où chacun serait heureux dans l'innocence de l'enfance et de la simplicité, loin de la corruption de la société moderne, est une pensée chère à Rousseau et à Bernardin de Saint-Pierre mais aussi une aspiration de la génération des années 1780. Le court roman de ce dernier, *Paul et Virginie* (1788), s'il émane du genre littéraire déjà codifié de la pastorale, n'en est pas moins un ouvrage novateur et fondamental quant à l'appréhension de l'harmonie des sensations avec la nature, symbole du destin des personnages. L'amour de deux adolescents sur l'île de France – l'actuelle île Maurice – finit mal : l'impossibilité du bonheur terrestre et la destruction d'une petite communauté incarnée dans l'utopie de l'isolement et de l'exotisme sont les horizons bien pessimistes de ce roman qui retentira tout au long du xixᵉ siècle dans les échos d'un malaise engendré par l'irrésistible ascension d'une bourgeoisie triomphante et positive. La sensibilité sera alors écorchée.

▶ Le groupe de Coppet et le cosmopolitisme

LA « FRANCE EXTÉRIEURE »

Le romantisme, en France, ne s'impose pour le grand public qu'aux alentours de la révolution de 1830 alors qu'il procède de la coupure révolutionnaire de 1789. À la charnière entre les deux siècles, c'est-à-dire au moment où la Révolution laisse la place au Consulat de Bonaparte et à l'Empire de Napoléon, la France romantique vit essentiellement à l'étranger : on parle alors des émigrés, aristocrates fuyant la Terreur de 1793 ou, plus tard, en désaccord avec le régime napoléonien. Cette « France extérieure » met une vingtaine d'années à rapporter avec elle tout ce qu'elle a trouvé à l'étranger. Il y a là Chateaubriand bien sûr, mais aussi ceux qu'on a appelés le groupe de Coppet. L'ouverture de la France aux littératures étrangères, en particulier allemande et anglaise, trouve un de ses fers de lance en la personne de Germaine de Staël (1766-1817) que Bonaparte avait bannie dès 1802. Le petit groupe, qu'elle rassemble autour d'elle dans sa résidence de Coppet en Suisse, joue un rôle essentiel dans l'accélération des changements de conceptions esthétiques et philosophiques de l'époque. Le Franco-Suisse Benjamin Constant (1767-1830), auteur d'*Adolphe* (1816), l'Allemand Schlegel ou le Suisse Sismondi participent au plaidoyer de Mme de Staël pour un renouveau artistique inspiré par les littératures du nord comme du midi de l'Europe. Ce cosmopolitisme engendre la conception alors polémique de la relativité du Beau, en opposition avec la doctrine très française du maintien des canons classiques de l'antiquité gréco-latine. Le maître mot de la théorie de Mme de Staël est celui de l'adaptation de la littérature à l'évolution de la société vers plus de liberté, faisant ainsi le lit de la bataille rangée des romantiques contre les classiques. À l'origine de ces conflits est donc lisible une lutte d'influence nationale qui fera interdire par l'Empereur, par exemple, la publication française de l'essai intitulé *De l'Allemagne* de Mme de Staël en 1810, au nom de la sauvegarde du génie national.

LE SOUFFLE EUROPÉEN

Si le groupe de Coppet appelle de façon emblématique les artistes français à se tourner vers la littérature étrangère en ce qu'elle peut apporter de neuf, il est notable que les années 1815-1825 virent, en France, une incroyable série d'adaptations, de traductions et de représentations d'auteurs étrangers au rang desquels on compte Dante (1265-1321) et William Shakespeare (1564-1616), redécouverts bien qu'ils appartiennent à des siècles anciens, mais aussi des contemporains comme Goethe, Schiller, Novalis, Byron, Walter Scott... Ce n'est pas seulement la « couleur locale » qui plaît, mais bel et bien le souffle d'un renouveau des idées libérées dans l'art. Ainsi, le romantisme français est pénétré par cette littérature européenne au sujet de laquelle le groupe de Coppet avait fait grand bruit. Servant de modèles à beaucoup, les œuvres étrangères sont aussi utiles pour remettre en doute l'hégémonie du « bon goût » classique et régénérer la conception de la littérature comme art total procédant de la sensibilité, de l'imagination et de l'engagement.

Plusieurs romantismes ?
Quelques repères

▶ Le cheminement romantique

Il n'existe pas un romantisme mais plusieurs : ses origines sont aussi multiples que ses manifestations. On n'est pas romantique de la même manière ni pour les mêmes raisons en 1800, en 1830 ou en 1850, selon qu'on est originaire de l'aristocratie ou de la bourgeoisie, selon qu'on a eu pour expérience essentielle la Révolution de 1789, la révolution de Juillet 1830 ou les journées de juin 1848. Tout romantisme se définit ainsi par la nature des expériences vécues et des obstacles rencontrés : les vicissitudes de l'Histoire sont les tergiversations du romantisme. Dans tous ces romantismes réside cependant toujours une réaction face à une société à laquelle on ne parvient pas à s'agréger pleinement, en tant qu'homme aussi bien qu'en tant qu'artiste. Pour simplifier, on pourrait distinguer, à travers les différentes formes de romantisme au XIXe siècle, le cheminement suivant : au départ se manifestent très nettement un vouloir vivre – une aspiration à l'harmonie de soi et du monde – et une conscience aiguë de sa propre valeur que, dans un deuxième temps, la découverte d'un monde et d'une société en désaccord avec cet état initial de soi transforme en inquiétude, révolte ou désenchantement. Enfin, cette confrontation aboutit à une mise en mouvement de soi : désespoir, suicide, intégration, ironie désabusée ou engagement vers la révolution.

C'est essentiellement au niveau de la deuxième étape que l'on peut distinguer plusieurs types de romantiques. En effet, les intellectuels ne sont pas tous en désaccord avec la société ou le monde pour les mêmes raisons. Au début du XIXe siècle, les premiers concernés par le romantisme sont les aristocrates que la Révolution de 1789 a dépossédés et rendus inutiles. Pour ces

« âmes sensibles » et actives, l'avenir semble d'autant plus sombre et laid que leur éducation les avait préalablement destinées aux plus hautes fonctions. L'exil, réel ou ressenti, est alors la matrice symbolique qui engendre l'esprit visionnaire et désespéré des premiers romantiques. Dans *René*, court roman autobiographique de Chateaubriand (1802), le héros éponyme s'exclame ainsi : « Je me trouvais bientôt plus isolé dans ma patrie que je ne l'avais été sur une terre étrangère. » Plus tard, Alphonse de Lamartine (1790-1869) résume cet état de déréliction : « Nulle part le bonheur ne m'attend. »

▶ **Quelle place dans la société ?**

Dans cette génération, née à la lisière de la Révolution française, se retrouvent les fils nés au début du XIXᵉ siècle : élevée dans la frustration de leurs aînés, cette seconde génération vit ce même sentiment de dépossession et d'isolement. Alfred de Vigny (1797-1863) en est un exemple. La seule issue pour ces hommes, à qui le monde moderne refuse une place, se trouve dans l'écriture. Trouver sa place dans l'écriture, c'est trouver sa place dans une histoire qui va trop vite, c'est se montrer à sa juste valeur et c'est, paradoxalement, affirmer son impuissance et sa solitude face à une société qu'on dédaigne. De la même façon qu'il les avait réduits à l'impuissance, 1789 a permis à ces nobles déchus – la première génération romantique née autour de 1770-1780 – d'accéder à l'art et d'en faire un lieu idéologique. Mais en même temps, les anciens aristocrates sont amenés à rencontrer, dans leur position face à une société bourgeoise qu'ils rejettent, tous les laissés-pour-compte de celle-ci. C'est pourquoi on assiste à une totale ouverture du romantisme à une deuxième génération de jeunes écrivains – nés autour de 1800 – qui découvrent que le monde bourgeois ne peut correspondre à leurs aspirations. Assez vite sont apparus des signes qui pouvaient amener au romantisme ces jeunes bourgeois qui ne participaient pas aux bénéfices d'une société dont le système leur semble pratiquement inacceptable : l'argent et la mesquinerie, évidemment déjà présents avant 1789, sont pourtant les maîtres mots d'une société prétendument nouvelle et plus démocratique. Cette contradiction est au cœur des désillusions romantiques mais aussi le ciment des œuvres les plus connues de Balzac ou de Hugo. La troisième génération romantique – née aux alentours de 1820 – entérine plus nettement encore le divorce de l'artiste et de la société, dans un détachement plus ou moins grand qui manifeste malgré tout un lien ineffaçable de la littérature avec le mouvement de l'histoire et de la société.

▶ Du groupe intellectuel à l'artiste solitaire

On peut donc dire que le romantisme, sous ses différents aspects, provient d'une absolue impossibilité de vivre dans la société issue de la Révolution française. Dans toutes les sociétés bourgeoises qui se développent au XIXe siècle, et au sein d'un capitalisme peu à peu dominant et de plus en plus problématique humainement, germe et croît la forêt romantique. Ces rapports avec la société et l'histoire du XIXe siècle permettent sans aucun doute d'approfondir une vision un peu rapide du romantisme qui consisterait à en faire un simple refuge des pouvoirs du cœur et de la singularité. Même s'il est vrai que le romantisme marque le passage d'une idéologie du groupe – les philosophes des Lumières et la Révolution – à une individualité de l'homme retranché dans la création artistique, il ne demeure pas moins vrai que les idéologies romantiques engendrent un nouveau rapport conflictuel et fécond entre le monde et l'intellectuel.

Des limites chronologiques problématiques

Faut-il alors considérer le romantisme français comme assez précisément délimité par la publication des *Méditations poétiques* de Lamartine en 1820 et l'échec du drame hugolien des *Burgraves* en 1843 ? Vingt-trois années d'émergence, de règne et de désuétude ? Pourquoi pas ? Mais c'est alors s'intéresser aux succès d'une réception capricieuse et oublier un peu vite que ce mouvement d'idées, en gestation depuis le milieu du XVIIIe siècle, traverse tout le XIXe siècle, à l'instar d'un de ses chefs de file, Victor Hugo, dont les dates de naissance et de mort (1802-1885) correspondent peut-être plus justement à la réalité du mouvement. Depuis les débuts de Bonaparte jusqu'à la fin du règne de son neveu Napoléon III, de la fin de la Ire République aux débuts de la IIIe, le romantisme imprègne les esprits littéraires et artistiques, les intellectuels et les penseurs, qu'ils en soient les prophètes et les mages, ou les goguenards détracteurs. S'il est vrai que la Révolution française engendre le romantisme, il est aussi vrai que les désillusions profondes liées aux échecs successifs de 1830 et 1848 amènent les romantiques à reconsidérer leur position fervente : d'une forme de religion que le romantisme aspire à être, on passe assez vite à une certaine noirceur qui annule les enthousiasmes précédents et les met ironiquement à distance. À moins, et c'est sans doute plus juste, que ces deux tendances ne soient plutôt simultanées. Ainsi, l'altération du mouvement romantique devant la médiocrité de la réalité sociale et politique du second Empire n'est-elle pas inscrite, même, dans les « gènes » du romantisme ?

Parler de la fin du romantisme autour de 1850, c'est oublier que le mouvement est précisément constitué de profondes réactions et résistances aussi bien défaitistes que révolutionnaires. Considérer de façon nihiliste que l'enthousiasme engagé est inutile puisqu'il n'y a pas d'avenir, chercher d'autres écoles qu'une école romantique *stricto sensu*, est-ce forcément rentrer dans le rang, se convertir à la réalité – être réaliste ? –, s'accommoder de l'ordre établi, bien-pensant, confiant dans le progrès mais conservateur socialement ? Non, bien sûr, et il s'agit alors de voir combien les ramifications du romantisme s'étendent de loin en loin. Il faut toutefois bien admettre que cet objet d'étude connaît une limite que nous poserons donc aux alentours de 1860, au beau milieu de l'ère de son bourreau, le second Empire. Limites familiales : de Bonaparte à, suivant l'expression de Hugo, *Napoléon le Petit*, ou limites auctoriales : de Chateaubriand à Baudelaire. Mais, en amont, on ne peut négliger les racines du romantisme, dans la seconde moitié du xviiie siècle, qui sont nécessaires à la perception des enjeux du mouvement. De même, en aval, le romantisme parodié des *Chants de Maldoror* de Lautréamont (1869) ou la révolte post-romantique d'un autre enfant du siècle comme Jules Vallès (Trilogie de « Jacques Vingtras » écrite après la Commune de 1871) n'ont-ils rien à voir avec le mouvement ?

Des enjeux colorés ?

Dans ses écrits critiques, Charles Baudelaire (1821-1867) consacre un ouvrage au *Salon de 1846* dans lequel il fait un éloge appuyé du peintre romantique par excellence : Eugène Delacroix (1798-1863). Cet artiste est connu depuis les années 1820 et représente la peinture romantique dans son essence lorsqu'il propose dans son *Journal* (1857) qu'un tableau soit « un pont jeté entre l'esprit du peintre et celui du spectateur », n'hésitant pas à faire en sorte que cette correspondance anime la toile en réduisant les lois de la perspective, en estompant les contours pour mieux faire apparaître les éclats de lumière et de couleur comme en témoigne une de ses grandes œuvres, *La Mort de Sardanapale*. Peinte en 1827, à l'époque de la veine orientaliste, cette toile ne laisse pas la mode pittoresque exotique l'emporter sur la force de la composition qui met en valeur, de façon dramatique, le rapport des masses sombres et colorées, le face-à-face fuyant du roi isolé et mélancolique avec la courtisane égorgée et pourtant extatique. Nous sommes happés par la toile, aidés en cela par le personnage féminin de second plan, au centre du tableau, dont les yeux mi-clos, dirigés vers nous, suggèrent une fusion de la matière picturale avec le regard de l'observateur. L'excès du sujet, l'harmonie des couleurs et l'absence des personnages à eux-mêmes constituent un ensemble puissant où le drame de la mort le dispute à l'érotisme. Cet univers propre à la peinture romantique fascine Baudelaire, et son *Salon de 1846* propose, après une dédicace mi-sérieuse mi-ironique «Aux bourgeois», une définition du romantisme. Cet essai de définition ne concerne pas que le romantisme pictural mais plus largement le rôle que l'art romantique joue dans la société et au sein de l'individu : l'imagination romantique est une vision du monde. Se moquant du positivisme à travers le scientifique Raoul Rochette, souvent raillé et contesté dans les années 1840, Baudelaire cherche une unité perdue qui résiderait dans la variété, paradoxale unité que le romantisme – en tant que mouvement essentiellement lyrique – propose dans une harmonie des contrastes. On retrouve ici la distinction traditionnelle depuis Mme de Staël entre le Nord et le Midi, mettant en valeur l'absence de contours nets et précis mais permettant aussi l'émergence de l'élan passionné vers une «manière de sentir», hors des frontières spatiales ou temporelles – le Néerlandais Rembrandt appartient au XVIIe siècle et semble même l'emporter sur l'Italien Raphaël qui vécut au début du XVIe siècle. L'esthétique romantique est présentée comme une vision de la réalité et une position dans et par rapport à la société ; Baudelaire lui-même est un artiste :

> Peu de gens aujourd'hui voudront donner à ce mot un sens réel et positif ; oseront-ils cependant affirmer qu'une généra-

tion consent à livrer une bataille de plusieurs années pour un drapeau qui n'est pas un symbole ?

Qu'on se rappelle les troubles de ces derniers temps, et l'on verra que, s'il est resté peu de romantiques, c'est que peu d'entre eux ont trouvé le romantisme ; mais tous l'ont cherché sincèrement et loyalement.

Quelques-uns ne se sont appliqués qu'au choix des sujets ; ils n'avaient pas le tempérament de leurs sujets. – D'autres, croyant encore à une société catholique, ont cherché à refléter le catholicisme dans leurs œuvres. – S'appeler romantique et regarder systématiquement le passé, c'est se contredire. – Ceux-ci, au nom du romantisme, ont blasphémé les Grecs et les Romains : or on peut faire des Romains et des Grecs romantiques, quand on l'est soi-même. – La vérité dans l'art et la couleur locale en ont égaré beaucoup d'autres. Le réalisme avait existé longtemps avant cette grande bataille, et d'ailleurs, composer une tragédie ou un tableau pour M. Raoul Rochette, c'est s'exposer à recevoir un démenti du premier venu, s'il est plus savant que M. Raoul Rochette.

Le romantisme n'est précisément ni dans le choix des sujets ni dans la vérité exacte, mais dans la manière de sentir.

Ils l'ont cherché en dehors, et c'est en dedans qu'il était seulement possible de le trouver.

Pour moi, le romantisme est l'expression la plus récente, la plus actuelle du beau.

Il y a autant de beautés qu'il y a de manières habituelles de chercher le bonheur.

La philosophie du progrès explique ceci clairement ; ainsi, comme il y a eu autant d'idéals [sic] qu'il y a eu pour les peuples de façons de comprendre la morale, l'amour, la religion, etc., le romantisme ne consistera pas dans une exécution parfaite, mais dans une conception analogue à la morale du siècle.

C'est parce que quelques-uns l'ont placé dans la perfection

du métier que nous avons eu le rococo du romantisme, le plus insupportable de tous sans contredit.

Il faut donc, avant tout, connaître les aspects de la nature et les situations de l'homme, que les artistes du passé ont dédaignés ou n'ont pas connus.

Qui dit romantisme dit art moderne, – c'est-à-dire intimité, spiritualité, couleur, aspiration vers l'infini, exprimées par tous les moyens que contiennent les arts.

Il suit de là qu'il y a une contradiction évidente entre le romantisme et les œuvres de ses principaux sectaires. Que la couleur joue un rôle très important dans l'art moderne, quoi d'étonnant ? Le romantisme est fils du nord, et le nord est coloriste ; les rêves et les féeries sont enfants de la brume. L'Angleterre, cette patrie des coloristes exaspérés, la Flandre, la moitié de la France, sont plongées dans les brouillards ; Venise elle-même trempe dans les lagunes. Quant aux peintres espagnols, ils sont plutôt contrastés que coloristes.

En revanche le Midi est naturaliste, car la nature y est si belle et si claire que l'homme, n'ayant rien à désirer, ne trouve rien de plus beau à inventer que ce qu'il voit : ici, l'art en plein air, et, quelques centaines de lieues plus haut, les rêves profonds de l'atelier et les regards de la fantaisie noyés dans les horizons gris.

Le Midi est brutal et positif comme un sculpteur dans ses compositions les plus délicates ; le nord souffrant et inquiet se console avec l'imagination et, s'il fait de la sculpture, elle sera plus souvent pittoresque que classique.

Raphaël, quelque pur qu'il soit, n'est qu'un esprit matériel sans cesse à la recherche du solide ; mais cette canaille de Rembrandt est un puissant idéaliste qui fait rêver et deviner au-delà. L'un compose des créatures à l'état neuf et virginal, – Adam et Ève ; – mais l'autre secoue des haillons devant nos yeux et nous raconte les souffrances humaines.

Cependant Rembrandt n'est pas un pur coloriste, mais un

Synopsis historique et contexte du romantisme

	Histoire	Littérature	Science et art
1774	Louis XVI règne → 1793.	Goethe, Les Souffrances du jeune Werther.	
1782		Rousseau, Les Confessions, Rêveries du promeneur solitaire (posthume).	
1788	Convention des États généraux.	Bernardin de Saint-Pierre, Paul et Virginie.	
1789	**Révolution française (→ 1799)**		
1793-1794	Exécution de Louis XVI. Terreur.	Blake, Mariage du Ciel et de l'Enfer (Angleterre). Radcliffe, Les Mystères d'Udolphe (Angleterre).	Goya, Les Caprices (→1798). Premier télégraphe de Chappe.
1795-1797	Directoire. Victoires de Bonaparte.	Goethe, Wilhelm Meister. Lewis, Le Moine.	La pile de Volta.
1797		Chateaubriand, Essai sur les révolutions.	
1799-1804	**Consulat**		
1800		Mme de Staël, De la Littérature.	
1801	Concordat avec le pape.	Chateaubriand, Atala.	
1802	Napoléon Bonaparte consul à vie.	Chateaubriand, Génie du christianisme et René.	
1804-1814	**Empire**		
1804	2 décembre : proclamation de l'Empire, sacre de Napoléon.	Senancour, Oberman.	Gros, Bonaparte visitant les pestiférés de Jaffa.
1807	Victoire de Friedland.	Mme de Staël, Corinne ou l'Italie.	Beethoven, Ve Symphonie.
1810		Mme de Staël, De l'Allemagne.	Goya, Les Désastres de la guerre.
1814-1830	**Restauration (Louis XVIII, Charles X)**		
1814-1815	Charte constitutionnelle. Les Cent-Jours.		Schubert, Lieder (1814-1828).
1816		Constant, Adolphe. Goethe, Faust II (→1831).	Niépce, première photographie.
1820		Lamartine, Méditations poétiques. Keats, Odes.	Travaux d'Ampère.
1821		Nodier, Smarra ou Les Démons de la nuit.	Constable, La Charrette à foin.
1822	Indemnité aux émigrés.	Stendhal, De l'amour.	
1823	Guerre d'Espagne.	Stendhal, Racine et Shakespeare.	
1826		Vigny, Poèmes antiques et modernes. Hugo, Odes et Ballades (→ 1828).	
1827		Hugo, Cromwell. Stendhal, Armance.	Delacroix, Sardanapale.
1829	Ministère Polignac.	Mérimée, Chronique du règne de Charles IX. Balzac, Les Chouans. Hugo, Les Orientales.	Rossini, Guillaume Tell.
1830-1848	**Monarchie de Juillet**		
1830	Juillet : les «Trois Glorieuses».	Hugo, Hernani. Stendhal, Le Rouge et le Noir.	

	Événements	Littérature	Arts et sciences
1831	Révolte des canuts à Lyon.	Hugo, *Les Feuilles d'automne* et *Notre-Dame de Paris*. Balzac, *La Peau de chagrin, Sarrasine*.	Delacroix, *La Liberté guidant le peuple*.
1834	Mouvements républicains réprimés.	Musset, *Lorenzaccio*. Sainte-Beuve, *Volupté*.	Schumann, *Études symphoniques*.
1835		Musset, *Les Nuits* (→1837). Vigny, *Chatterton*.	Corot, *Vue de Florence*.
1837		Balzac, *Illusions perdues* (→1843).	Berlioz, *Requiem*.
1838		Hugo, *Ruy Blas*. Balzac, *Splendeurs et misères des courtisanes* (→1847).	Daguerre, procédé photographique.
1839		Stendhal, *La Chartreuse de Parme*.	Chopin, *Préludes*.
1840	Gouvernement de Guizot (→1848).	Hugo, *Les Rayons et les Ombres*.	
1843		Sand, *Consuelo*. Nerval, *Voyage en Orient*.	Joule, expériences (→1850).
1844-1845		Dumas père, *Les Trois Mousquetaires, Le Comte de Monte-Cristo*. Poe, *Histoires extraordinaires*.	Turner, *Pluie, vapeur, vitesse*. Wagner, *Tannhäuser*.
1846	Crise économique et financière.	Michelet, *Le Peuple*.	Berlioz, *La Damnation de Faust*.
1848-1851	**IIᵉ République**		
1848	Révolution de février. Massacres de juin.	Chateaubriand, *Mémoires d'outre-tombe*.	Marx et Engels, *Manifeste du Parti communiste*.
1849		Sand, *La Petite Fadette*.	Courbet, *L'Enterrement à Ornans*.
1851-1870	**Second Empire**		
1851	2 décembre : coup d'État de Louis Napoléon Bonaparte.	Barbey d'Aurevilly, *Une vieille maîtresse*. Les Goncourt, *Journal* (→1896).	
1854	Guerre de Crimée.	Nerval, *Les Filles du feu* et *Les Chimères, Aurélia*.	
1857		Baudelaire, *Les Fleurs du mal*. Gautier, *Le Roman de la momie*. Flaubert, *Madame Bovary*.	
1859	Guerre avec l'Autriche.	Hugo, *La Légende des siècles* (→1877).	Darwin, *De l'origine des espèces*.
1862	Loi autorisant les grèves et leur répression.	Hugo, *Les Misérables*. Baudelaire, *Le Spleen de Paris*. Flaubert, *Salammbô*.	
1864-1866	1864 : création de la 1ʳᵉ Internationale.	1866 : Verlaine, *Poèmes saturniens*. Dostoïevski, *Crime et Châtiment*.	1865 : Manet, *Olympia*. Wagner, *Tristan et Isolde*.
1869	Inauguration du canal de Suez.	Lautréamont, *Les Chants de Maldoror*.	Carpeaux, *La Danse*.
1870	La France déclare la guerre à la Prusse. Défaite française de Sedan.	Dostoïevski, *Les Possédés*.	Daumier, *La Capitulation de Sedan*.
1871	IIIᵉ République. Commune de Paris.	Zola, début des *Rougon-Macquart*.	Verdi, *Aïda*.
1872		Rimbaud, *Une saison en enfer*.	

harmoniste ; combien l'effet sera donc nouveau et le romantisme adorable, si un puissant coloriste nous rend nos sentiments et nos rêves les plus chers avec une couleur appropriée aux sujets !

Avant de passer à l'examen de l'homme qui est jusqu'à présent le plus digne représentant du romantisme, je veux écrire sur la couleur une série de réflexions qui ne seront pas inutiles pour l'intelligence complète de ce petit livre.

CHARLES BAUDELAIRE,
« Qu'est-ce que le romantisme ? »,
dans *Salon de 1846*

La naissance du sujet

Avec la Révolution, le Moi commence à être reconnu dans les domaines légal, moral et social. Le romantisme s'appuie alors sur l'expression du sentiment et de l'exploration de soi qui ont marqué la littérature du XVIIIᵉ siècle, et notamment Jean-Jacques Rousseau. Il ne s'agit pas d'un égocentrisme psychologique ou d'un narcissisme libéré, mais d'une idéologie nouvelle engendrée par la pensée du sujet politique. Les conséquences de cette nouvelle conception du sujet sont d'une importance capitale dans l'appréhension du romantisme.

Naissance de l'individu et place du sujet

▶ **Les droits du sujet**

LA FIN DES HÉROS

La Révolution de 1789 ouvre une époque d'égalité et défait la différenciation des hommes par leur naissance. Le premier article de la *Déclaration des droits de l'homme et du citoyen* déclare : « Les hommes naissent et demeurent libres et égaux en droits ; les distinctions sociales ne peuvent être fondées que sur l'utilité commune. » Dès lors, l'identité n'est plus reçue du dehors : chacun peut se définir par son caractère, qui prime sur ses déterminations familiales, sociales ou économiques. Cette égalité de droit entraîne un changement dans la conception de l'homme : chacun se distingue des autres par son intériorité. Mais elle entraîne aussi un changement dans la conception du sujet, et notamment du sujet littéraire : la fin des hiérarchies nobiliaires marque la fin des héros. Désormais, la littérature peut raconter l'histoire des anonymes, des petits, des obscurs, mais aussi de l'individu banal, sans panache particulier. Le romantisme poursuit dans la littérature l'idéal de la Révolution française : il n'y a plus de castes littéraires. Jusqu'ici, seuls les genres comiques, considérés comme bas, pouvaient donner à lire l'histoire de sujets non nobles. À chaque genre correspondaient un sujet, un type de héros et un style. Cette règle classique se trouve abolie par les nouvelles formes et la liberté de l'invention. Le créateur peut choisir son style, son sujet, et représenter des héros d'origines diverses. Aussi, l'intérêt littéraire se déplace du récit des faits d'exception à la particularité du cœur.

LE FOISONNEMENT DE LA VIE

La fin d'un ordre contraignant ouvre aussi la reconnaissance de l'intériorité. Pour la société d'Ancien Régime, les salons demandaient le respect des bienséances, une parole mesurée et sociale, qui suive les règles de ce qu'on a le droit de dire, où chacun évite de parler de soi parce que c'est un signe de mauvais goût et une transgression de la parole commune. Mais progressivement, le XVIIIe siècle apprécie la parole plus originale, celle qui manifeste une intériorité singulière, une forme de génie ou de sensibilité particulièrement vive. Avec le romantisme, cette originalité devient le but même de la littérature. Enfin, la nature n'est plus considérée sous la forme d'un ordre mathématique, mais comme un vitalisme : le monde serait traversé par des forces dont l'individu contiendrait une parcelle en soi, signe de son caractère infini, mais aussi marque de sa déchéance par rapport à la plénitude idéale, attribuée à un âge d'or utopique. La transcendance est descendue des modèles absolus à la vie elle-même. Par cette immanence, le romantisme parachève l'entreprise égalitaire : la littérature et les arts n'ont plus pour vocation de donner des exemples et de représenter l'exception ou l'idéal, mais de donner à voir la vie dans son foisonnement et l'individu dans ses particularités mouvantes.

▸ Le règne de la subjectivité

LA PUISSANCE DE L'AUTONOMIE

Un deuxième facteur témoigne aussi du tournant opéré par le XVIIIe siècle. Le sujet devient un élément central de la philosophie. Alors que les Lumières avaient privilégié l'exploration de l'ordre du monde et du langage, selon des codes, des lois physiques, des principes rationnels et universels, un ordre général qui se reflèterait en l'homme, les romantiques cherchent à donner au particulier ses droits, en poursuivant les directions déjà ouvertes par certains penseurs du XVIIIe siècle. Emmanuel Kant (1724-1804) a ainsi défini l'autonomie, l'idée que chaque individu possède en soi la capacité à se fixer des règles d'action morales. Il a aussi montré que la ligne qui sépare le monde concret et le monde idéal passe dans l'homme. Parallèlement, Kant cherche aussi à définir ce qui fait le propre de l'art : il propose l'idée que le sentiment du beau est universel, mais que chacun reçoit l'œuvre d'art selon ses perceptions (*aisthesis* veut dire la « perception » en grec ancien, ce qui donne l'« esthétique ») et son propre caractère. Mais Kant fixe des limites à ce que le sujet peut connaître, les phénomènes réels, le reste étant inconnaissable, objet de croyance. Les romantiques reprennent le sujet kantien, mais refusent les limites qui lui ont été assignées : puisque l'infini est inscrit en l'homme, il n'y a pas de raison que la puissance de sa connaissance, de son esprit et de sa création ne soit pas infinie.

LA CONNAISSANCE PAR LES SENS

Pour les romantiques, les découvertes doivent se faire dans une direction inverse de l'exploration scientifique ouverte par les Lumières : non plus vers l'étendue du monde physique, mais en direction de l'intériorité, comme en témoigne la réflexion du philosophe Maine de Biran (1766-1824), qui écrit dans son *Journal* en 1816, le 23 juillet :

> Qui sait ce que peut la réflexion concentrée et s'il n'y a pas un nouveau monde *intérieur* qui pourra être découvert un jour par quelque *Colomb métaphysicien* ?

La révélation à découvrir est intime : il existerait un monde intérieur, encore inexploré, et qui réserve des surprises infinies. À la suite de ce philosophe, Destutt de Tracy (1754-1836) propose des *Éléments d'idéologie* : cette dernière est le nom de la science qui étudie l'esprit humain sans faire appel à des principes métaphysiques. Pour l'auteur, les connaissances et idées que nous avons proviennent de nos sens. Encore ancrée dans le goût des Lumières pour la Raison, cette pensée dévoile néanmoins l'intérêt pour l'homme considéré dans son intériorité et la particularité de ses sensations, émotions et pensées. Contre l'exemplarité, les romantiques perçoivent l'homme comme un individu original, qui n'est semblable à aucun autre. Le primat du subjectivisme se marque jusque dans les philosophies qui, à la fin du XVIIIᵉ siècle, attribuent un rôle central aux sensations personnelles. Ainsi, pour les physiologues, la connaissance dépend des sens, et il n'existe pas de vérité universelle, seulement des perceptions et des sensations, toujours subjectives. Ce courant philosophique constitue le socle théorique sur lequel se développe ce que nous pouvons appeler le « réalisme romantique », qui est en fait un réalisme psychologique, une façon de chercher à noter la vérité individuelle telle que chacun la ressent dans son esprit.

▶ **La fin des différences ?**

Cette « religion » du sujet s'accompagne de bouleversements sociologiques. L'Ancien Régime était marqué par des codes clairs, et très concrets : au premier regard on reconnaissait un noble d'un roturier, les domestiques portaient la livrée et les couleurs de la maison qu'ils servaient. Les minorités étaient aussi stigmatisées : prostituées, juifs, homosexuels portent une marque distinctive. En proclamant la fin de certaines de ces mesures discriminatoires, la Révolution libère la banalité individuelle contre l'emprisonnement dans une identité de groupe. Mais cette liberté s'accompagne d'une crainte : il n'est plus possible de reconnaître ses amis dans une foule anonyme. Comme leurs contemporains, les auteurs romantiques, pourtant soucieux de la liberté égalitaire, sont hantés par l'idée qu'il n'est plus possible de distinguer les gens à leur apparence, de savoir leur rang social et d'anticiper leur degré de culture. Plus généralement, ils craignent que les signes aient perdu toute valeur indicative. Enfin, leur œuvre sera lue par un public qu'ils ne connaissent pas et avec lequel ils ne partagent pas forcément la même culture. Comment parler à ceux qu'on ne connaît pas ?

La grande égalisation démocratique, commentée par le théoricien de la politique Tocqueville (1805-1859), initie la reconnaissance de deux groupes, issus de l'ancien tiers état, qui commencent à faire leur apparition dans le romantisme, et qui seront pleinement reconnus dans la seconde moitié du XIXe siècle :

la bourgeoisie et le peuple. Certes, il faudra quelque temps pour que l'ancienne opposition des trois états et l'alliance entre les milieux d'argent et les nobles cèdent la place à la reconnaissance du pouvoir de la bourgeoisie, reposant sur le nombre, l'industrie, le travail, l'opinion publique. Mais dès les premières années du siècle, l'ère de la bourgeoisie se distingue par l'intérêt porté au rôle du sujet dans la société, question qui ne se serait pas posée à l'ère où chacun était déterminé par son rang dans la société de Cour. Corrélativement, le peuple devient progressivement un sujet de représentation et de préoccupation.

▸ L'exemple de Victor Hugo

Si l'on s'accorde à dire que Victor Hugo est un des meilleurs représentants du XIXe siècle et du romantisme, ce n'est certes pas sans raison : né en 1802 et mort en 1885, l'homme-siècle a traversé tous les régimes politiques et essuyé toutes les tempêtes de l'Histoire. Tout à la fois dans l'action et dans la réflexion, sa vie fut toujours un combat, un combat avec le siècle, avec la société, avec lui-même. Là où l'histoire personnelle du poète et l'histoire du siècle se rejoignent, c'est dans l'œuvre énorme de l'écrivain, et ce point d'intersection ne se définit pas mieux que par les mots de Hugo lui-même : « Ma vie se résume en deux mots : solitaire, solidaire ! » Ainsi, dans *Les Misérables* (1862), il raconte l'histoire de Jean Valjean, forçat échappé du bagne qui cherche à vivre de façon honnête et découvre l'amour en s'occupant de la petite Cosette, qu'il a sauvée des Thénardier, sa famille d'accueil qui la martyrisait. Ouvriers, gamins des rues, brigands, bagnards : Hugo donne à lire le peuple dans toute sa variété, et il le présente en action lors des journées insurrectionnelles de 1832 – qui démarquent en creux les journées révolutionnaires de juillet 1830.

Mais derrière l'empathie et l'appel à la rébellion sociale, Hugo présente un tableau réaliste et détaillé de cet univers, qui est nouveau en littérature : les différentes sortes d'argot, les faubourgs, égouts, souterrains, terrains vagues. Il révèle alors la culture populaire et l'envers de la ville officielle, en même temps qu'il esquisse les lignes d'une conception nouvelle de l'Histoire et de la politique. De façon très significative, le sujet principal des *Misérables*, c'est un individu du peuple, un paria, Jean Valjean qui, dans la société bourgeoise du XIXᵉ siècle prétendument plus démocratique que la société d'Ancien Régime, n'a pas le statut de sujet : son nom même est un indice. Quel sens donner à ce nom banal de Jean Valjean dans *Les Misérables* ? Dans un roman qui interroge l'identité sociale de ses personnages, les différents noms d'emprunt du héros – de M. Madeleine à Ultime Fauchelevent – ne sont pas que des pseudonymes destinés à égarer Javert et la police, mais bel et bien des variations autour de l'absence d'identité. Les misérables n'ont pas de nom mais des surnoms ou des diminutifs. L'hésitation de Hugo lors de la rédaction des *Misères* devenues *Les Misérables* – le héros s'appelait d'abord Jean Tréjean puis Jean Vlajean – dit bien que ce nom n'en est pas un (« très Jean » puis « Voilà Jean »), puisqu'il s'agit du redoublement du plus commun des prénoms qui en fait l'homonyme de cet indéfini : les « gens ». Dans le fameux passage où le père adoptif de Cosette révèle à son gendre Marius sa véritable identité, à la fin du roman, il retrouve la moitié de son véritable nom qui n'en est pas un, « Monsieur Jean », car « un nom, c'est un moi » : sur sa pierre tombale, rien si ce n'est quatre vers anonymes. Structurellement, le lecteur retrouvera à la fin de ce vaste roman l'homme anonyme qu'il avait croisé au départ, « un homme qui voyageait à pied » : c'est symboliquement que ce héros ressemble à tous les Jean/gens, car il est à lui seul l'humanité misérable, anonyme et indistincte. C'est donc une idéologie du sujet complexe qui se met en place au cours du XIXᵉ siècle : du sujet central aristocratique isolé chez Chateaubriand jusqu'au sujet « éclaté », effacé et béant du peuple chez Hugo, le romantisme est bien le lieu d'une réflexion toute politique du sujet.

L'expression du Moi

Dans son autobiographie fictive, *Vie de Henry Brulard* (posthume, 1890), Stendhal (de son vrai nom Henri Beyle, 1783-1842) parle de l'écriture de soi qu'il met à distance même s'il ne cesse de la pratiquer. « *Je* et *moi*, ce serait au talent près, comme M. de Chateaubriand, ce roi des égotistes », écrit-il ironiquement dès les premières pages de son ouvrage autobiographique. Il est vrai que Chateaubriand, depuis son roman autobiographique *René* jusqu'à ses *Mémoires d'outre-tombe*, apparaît, à la suite de Rousseau, comme le représentant principal des « égotistes ». Ce terme, calqué sur l'anglais *egotism* à partir du latin *ego* qui veut dire « je », fait partie du lexique singulier et ironique de Stendhal. Il désigne la passion de s'analyser et de parler de soi à la première personne. Mais ce terme ne doit pas être confondu avec l'amour propre, l'amour de soi, la vanité, l'égoïsme ni l'égocentrisme. Il s'agit, en réalité, d'une revendication de la nécessité de ce que Stendhal appelle l'« examen de conscience » : la recherche, en profondeur, de son vrai *moi* par l'écrivain contribue à éclairer le monde qui l'entoure, car dans la confrontation de sa subjectivité avec l'objectivité naît une réflexion toute romantique qui établit des « correspondances » entre intériorité et extériorité. Il est amusant de voir que le mot d'égotisme, même s'il ne connut pas une carrière très populaire, hante encore à la fin du XIXe siècle des écrivains qui se rattachent par là au romantisme : Maurice Barrès (1862-1923), par exemple, auteur nationaliste et réactionnaire, l'emploie indifféremment avec le « culte du moi » au sujet de sa propre écriture dans *Mes Cahiers*. Dans tous les cas, l'écriture de soi, l'égotisme ou l'expression de soi correspondent à une nécessité vitale : la réflexion sur la place du sujet dans le monde et sur la place du monde dans le sujet aboutit à une véritable philosophie romantique.

▸ La richesse intérieure

À la fin du xviiie siècle, de nouveaux éléments font irruption dans la littérature : si l'histoire d'amour est depuis le roman médiéval et même antique un ressort du romanesque, les romantiques considèrent néanmoins que la reconnaissance de l'amour comme sentiment constitue un apport nouveau. En effet, l'amour était autrefois vécu comme un gage d'allégeance de l'homme à sa bien-aimée, ou comme un désir d'union contre-carré par la société ou les projets familiaux d'alliance, plus que dans la perspective d'une émotion douce et douloureuse. Les romantiques déplacent l'accent sur le mal d'amour et le désir de plénitude amoureuse. Ce n'est qu'un versant de la place qu'ils accordent au sujet, mais il marque les esprits à l'époque, et la conception populaire du romantisme, jusqu'à aujourd'hui : le romantisme n'est-il pas le nom couramment utilisé pour désigner le désir de placer l'amour au centre de la vie et d'en jouer les étapes et les scènes de façon extrême ?

L'intériorité s'inscrit dans les formes littéraires. Le roman sentimental du xviiie siècle ouvre déjà ce primat du sentiment amoureux, en même temps que l'habitude d'une introspection. Parallèlement à l'essor de la poésie lyrique, se développe le genre de l'autobiographie. Enfin, si le genre des Confessions existe depuis bien longtemps, avec celles d'Augustin, auteur latin, l'expression de soi gagne une place nouvelle au cours du xviiie siècle. Appelée par défaut «pré-romantisme» par la critique littéraire – on préférera parler de passage de la sensibilité au romantisme tout simplement –, la littérature de la seconde moitié du xviiie siècle propose les premières œuvres de cette «royauté du sujet» qui sera le grand modèle de l'écriture du moi pratiquée par les romantiques et en particulier Chateaubriand. Dans la première génération romantique, trois écrivains de l'introspection se remarquent : Senancour (1770-1846), Benjamin Constant (1767-1830) et Mme de Staël (1766-1817). Respectivement auteurs de

Oberman (1804), *Adolphe* (1816) et *Delphine* (1802), ces romanciers et essayistes, que nous avons en partie déjà évoqués au sujet du groupe de Coppet, passent par la fiction autobiographique – de là ces prénoms qui cachent les prénoms des auteurs eux-mêmes – pour affirmer résolument l'originalité fondamentale de l'individu. Partout, le *moi* se constitue comme prisme au travers duquel l'histoire, la société et la réalité se disent, comme transfigurés par la subjectivité de l'écrivain.

► L'attrait des lointains, dans le temps et dans l'espace

Pour les romantiques, il n'est pas question de suivre l'idéal esthétique des siècles passés de façon intemporelle. C'est l'aspect révolu du passé qui en constitue la valeur : celui-ci est considéré comme une source d'inspiration dans sa singularité, justement parce qu'on ne peut le retrouver, et qu'il marque le passage inexorable du temps. Signes de la perte, les ruines sont le paysage romantique par excellence : elles témoignent de la disparition d'une époque, mais détiennent d'autant plus de beauté précisément parce qu'elles sont une œuvre formée par le temps, qui a défait l'œuvre humaine. Incomplètes, les ruines offrent au spectateur le plaisir de compléter le fragment qu'il contemple par l'imagination et la rêverie. Cette incomplétude permet paradoxalement d'exprimer le « moi » entier par un processus de symbolisation. Parallèlement à cet amour du fragment, les romantiques cherchent à donner forme au passé, et poursuivent ainsi un pan de l'entreprise des Lumières. Construire une histoire, c'est se retrouver dans le passé, c'est faire un détour par le passé pour mieux s'exprimer dans le présent.

Plus particulièrement, connaître le passé et connaître le lointain vont de pair. Considérant l'exotisme comme un moyen de se connaître au contact de nouvelles réalités, les romantiques pensent aussi que les peuples dits « primitifs » vivent l'état de Nature, avant l'arrivée de la civilisation qui provoquerait la corruption et la perte de la sincérité. Poursuivant le désir de connaissance savante des Encyclopédistes, Victor Jacquemont (1801-1832) s'embarque pour l'Inde, où il meurt du choléra après trois années d'exploration. Étonnant périple d'un homme qui est à la fois géologue (il étudie les couches minérales des paysages, et les formations rocheuses du Tibet), naturaliste (il repère de nouvelles espèces de plantes et d'animaux, dont il envoie des spécimens au Museum d'histoire naturelle à Paris), ethnologue (il décrit les différentes ethnies indiennes, les mœurs), politiste (il compare l'ordre mis en place par l'administration coloniale britannique et celle des rois indiens), et linguiste (il correspond avec Humboldt, et s'interroge sur le sanskrit). Ses découvertes, ses remarques et ses états d'âme pendant son voyage nous sont connus par les nombreuses lettres qu'il a envoyées à ses collègues du Museum (le Jardin des Plantes) et à ses proches, parmi lesquels Tracy (homme politique) ou Stendhal. Ce qui frappe dans ces lettres, c'est que le témoignage scientifique s'entremêle de remarques personnelles, et notamment de confidences sur la mélancolie qui touche Victor. On mesure là toute la différence avec le projet encyclopédiste, plus soucieux de saisir l'ordre du monde que la subjectivité de celui qui l'observe. Les nombreux récits de voyage, en particulier l'*Itinéraire de Paris à Jérusalem* (1811) de Chateaubriand, les *Voyage en Orient* de Lamartine (1835) ou de Nerval (1851) et *Le Rhin* de Hugo (1840) sont des écritures de soi. Cette distance entre l'observation scientifique des Lumières et l'expression de soi dans les récits de voyage témoigne de ce qui constitue le romantisme.

Le modèle de Rousseau

L'intérêt romantique pour le sujet prend plusieurs formes : réflexivité (retour sur soi), scission intérieure (division du Moi en tendances contraires, tiraillement entre plusieurs émotions, incapacité à déterminer son opinion ou sa position propre), solipsisme (solitude du Moi enfermé dans ses sensations), mélancolie (humeur noire se manifestant par la tristesse, mais aussi par un état d'exaltation irréaliste), nostalgie (mal du retour, désir de revenir à un âge d'or perdu). Ces éléments constitutifs du romantisme peuvent se résumer ainsi : importance du Moi, tristesse née d'un sentiment d'isolement ou d'une incapacité à entrer immédiatement en rapport avec le monde et les autres, valorisation de ce qui est idéal, impossible ou passé. Ces trois éléments figurent dans l'œuvre de celui qui constitue aux yeux des romantiques le grand homme par excellence et la source d'inspiration, Jean-Jacques Rousseau (1712-1778).

► **Une œuvre fondatrice**

Compositeur, philosophe, romancier, Rousseau offre aux romantiques l'idéal d'une œuvre qui couvrirait tous les champs des arts et de l'activité humaine. En ce sens, il poursuit aussi l'idéal des Lumières, d'un savoir encyclopédique. Mais pour les romantiques, il constitue surtout l'ancêtre fondateur, qui a proposé les premières œuvres livrant les modèles du sujet nouveau, marqué par la tristesse, la solitude, une relation privilégiée avec la nature et un amour malheureux, symbole d'une condition existentielle impossible à tenir sans douleur. Les *Confessions* (1765-1770, publiées de façon posthume dans les années 1780) constituent le premier exemple d'autobiographie moderne, mêlant apologie de la sincérité, mise en scène de soi et dénégation paranoïaque, attention aux strates constituant l'être depuis l'enfance, analyse des complexités intérieures et mise en forme d'une intériorité partagée entre sentiment et observation de soi.

Après la condamnation pour hérésie, en 1762, de son ouvrage philosophique sur l'éducation, l'*Émile*, Rousseau s'est réfugié en Suisse, mais là aussi, il commence à être la cible de critiques, et de menaces politiques. Avant de partir pour l'Angleterre, il s'exile sur le lac de Bienne. Il présentera ce souvenir idyllique dans ses *Rêveries du promeneur solitaire*, qu'il commence à rédiger à Paris en 1776 et auxquelles il travaillera jusqu'à sa mort, deux ans plus tard :

De toutes les habitations où j'ai demeuré (et j'en ai eu de charmantes), aucune ne m'a rendu si véritablement heureux et ne m'a laissé de si tendres regrets que l'île de Saint-Pierre au milieu du lac de Bienne. Cette petite île, qu'on appelle à Neuchâtel l'île de la Motte, est bien peu connue, même en Suisse. Aucun voyageur, que je sache, n'en fait mention. Cependant, elle est très agréable, et singulièrement située pour le bonheur d'un homme qui aime à se circonscrire ; car, quoique je sois peut-être le seul au monde à qui sa destinée en ait fait une loi, je ne puis croire être le seul qui ait un goût si naturel, quoique je ne l'ai trouvé jusqu'ici chez nul autre.

Les rives du lac de Bienne sont plus sauvages et romantiques que celles du lac de Genève, parce que les rochers et les bois y bordent l'eau de plus près ; mais elles ne sont pas moins riantes. S'il y a moins de culture de champs et de vignes, moins de villes et de maisons, il y a aussi plus de verdure naturelle, plus de prairies, d'asiles ombragés, de bocages, des contrastes plus fréquents et des accidents plus rapprochés. Comme il n'y a pas sur ces heureux bords de grandes routes commodes pour les voitures, le pays est peu fréquenté par les voyageurs, mais il est intéressant pour les contemplatifs solitaires qui aiment à s'enivrer à loisir des charmes de la nature et à se recueillir dans un silence que ne trouble aucun autre bruit que le cri des aigles, le ramage entrecoupé de quelques oiseaux, et le roulement des torrents qui tombent de la montagne. Ce beau bassin, d'une forme presque ronde, enferme dans son milieu deux petites îles, l'une habitée et cultivée, d'environ une demi-lieue de tour, l'autre plus petite, déserte et en friche, et qui sera détruite à la fin par les transports de la terre qu'on en ôte sans cesse pour réparer les dégâts que les vagues et les orages font à la grande. C'est ainsi que la substance du plus faible est toujours employée au profit du puissant.

(début de la Cinquième Promenade)

Plusieurs éléments sont, ici, frappants. Le style du passage repose sur une syntaxe complexe (par reprise, accumulation) qui entend cacher la rhétorique pour faire naître un lyrisme poétique. On lit aussi une écriture de la singularité (hyperboles, restrictions, jeu de négations) qui place le sujet et l'idéal au détour de ce qui est rejeté. Enfin est notable l'opposition (par symétrie, chiasme, parallèle, comparaison) qui se manifeste dans le contraste entre deux lacs et deux îles. L'opposition entre la **nature** et la **culture** fait partie des éléments les plus fréquemment associés à la pensée de Rousseau. De fait, la reconnaissance de la nature, l'association entre le paysage et l'état d'âme, mais aussi l'idée que seule la nature ne ment pas sont des idées que Rousseau a léguées à la postérité – et dont l'influence se marque aujourd'hui dans les critiques adressées au progrès technique, à la civilisation, dans les courants anti-modernes, conservateurs mais aussi libertaires, jusque dans l'émergence moderne de l'écologie et de la réflexion sur les droits de la nature.

► **Comment exister hors de la civilisation ?**

L'attaque contre la civilisation, qui marquera le romantisme, va contre l'idéal des Lumières : les philosophes de l'*Encyclopédie* (à laquelle a pourtant contribué Rousseau) pensent que le progrès des connaissances permet d'améliorer le sort de l'humanité et d'avancer vers l'idéal du savoir et du perfectionnement des êtres. Pour Rousseau, la civilisation est une déchéance par rapport à l'idéal de pureté première. Mais, tout en critiquant les méfaits de la civilisation, Rousseau ne méconnaît pas le caractère illusoire des appels à un retour en arrière : si l'homme « primitif » est censé incarner la bonté naturelle, l'état de nature reste pour Rousseau une fiction théorique, une hypothèse qui permet de postuler que, avant que la société ne se constitue sur des fondements inéquitables, l'homme était bon. Mais existe-t-il un homme hors de la société ? Au lieu d'en rester à la dénonciation de ce qui est, Rousseau propose des moyens politiques pour compenser la perte de l'idéal. C'est ainsi qu'il propose des théories politiques fondatrices pour la démocratie moderne, celles du *Contrat social* (1762). Mais, dans la Cinquième Promenade, le paysage, symbole de l'idéal qui n'a pas été atteint par les méfaits de la société ni les attaques du temps, constitue surtout un espace où se projettent les sentiments du personnage. Ce passage présente ainsi l'exemplarité du sujet, qui est au cœur du projet des *Confessions* comme des *Rêveries du promeneur solitaire*. La description manifeste clairement que le paysage inspire un état d'esprit en même temps qu'il le reflète. Dans les *Confessions*, le repli sur soi est, là encore, source de consolation. Pour Rousseau, on ne peut être soi que hors du regard d'autrui. De plus, le repli permet d'atteindre un état idéal en s'éloignant des atteintes du réel, de la déception du monde tel qu'il est pour parvenir au monde rêvé. Il offre enfin le plaisir infini de retrouver les souvenirs, les rêveries déréalisant le monde et ouvrant à l'imagination le plaisir d'explorer les lointains, la lisière de la conscience comme les confins de la réalité. Le jeu de l'imagination, sa puissance d'oubli, de consolation et de création sont les éléments centraux de ce passage.

à vous...

SUJET D'EXPOSÉ

Vous rechercherez la postérité, chez les romantiques, des thèmes qui figurent dans les *Rêveries du promeneur solitaire* de Rousseau : le culte du moi, le goût de la solitude, le sentiment de la fuite du temps, le rêve et la rêverie, l'importance de l'eau, l'exaltation de la nature, l'harmonie entre un paysage et un état d'âme.

SUJET DE DISSERTATION

L'écrivain contemporain – mais à bien des égards toujours romantique – Julien Gracq, mêlant ses propres réflexions à celles du poète et dramaturge Paul Claudel, écrit dans son essai intitulé *Préférences* (Éditions José Corti, 1961) au sujet de Chateaubriand :

« Au lointain de toutes les avenues du parc romantique, au bord du miroir de l'eau, il y a ce bel oiseau qui gonfle ses plumes. *Le cri d'un paon n'accroît pas davantage la solitude du jardin déserté* (Claudel). Nous lui devons presque tout. »

Pensez-vous que l'artiste romantique parvienne à peupler le monde et à lui donner un sens, comme ce « grand paon » de Chateaubriand, grâce à l'écriture de soi ?

SUJET DE RECHERCHE THÉMATIQUE

Toujours en vous appuyant sur la citation de Julien Gracq, vous rechercherez dans la littérature du XIXe siècle, et plus particulièrement dans la poésie, toutes les figures du poète ressortissant à la métaphore ornithologique. Paon, aigle, pélican, albatros, cygne, rossignol... Quelles valeurs et quelles significations ces images évoquent-elles ? En quoi reflètent-elles la diversité du romantisme, sa relecture des symboles classiques et antiques, ses enthousiasmes, son ironie ?

Mélancolie
et questions d'identité

La mélancolie : le mal du siècle

En France, les premiers romantiques témoignent dans leurs œuvres de l'importance d'un nouveau sentiment : la mélancolie. Appelé le « mal du siècle », à la fois parce qu'il est considéré comme une « maladie » propre au XIXe siècle, et parce qu'il s'agirait d'une mélancolie causée par les circonstances particulières de l'époque, il trouve sa représentation dans des figures littéraires, avant de devenir une posture de génération. La jeunesse voit dans ces œuvres des modèles qui lui permettent de penser son identité.

▶ Le dégoût du monde

Considéré comme le premier auteur romantique français, François René de Chateaubriand (1768-1848) s'inscrit dans la continuité de Rousseau. Figure aristocratique, il voyage en Amérique puis émigre en Angleterre pendant la Révolution. Il poursuit ensuite une carrière politique complexe et écrit un grand nombre de textes fondamentaux pour le romantisme. Il accompagne la première moitié du xixe siècle de son esprit génial avant de mourir à Paris en 1848. Au tournant du xixe siècle, il voit dans la mélancolie la marque d'un état de civilisation. En 1802, dans le *Génie du christianisme*, au chapitre ix de la IIe partie, il présente le «Vague des passions» :

> Il reste à parler d'un état de l'âme qui, ce nous semble, n'a pas encore été bien observé : c'est celui qui précède le développement des grandes passions, lorsque toutes les facultés, jeunes, actives, entières, mais renfermées, ne se sont exercées que sur elles-mêmes, sans but et sans objet. Plus les peuples avancent en civilisation, plus cet état du *vague* des passions augmente ; car il arrive alors une chose fort triste : le grand nombre d'exemples qu'on a sous les yeux, la multitude de livres qui traitent de l'homme et de ses sentiments, rendent habile, sans expérience. On est détrompé sans avoir joui ; il reste encore des désirs, et l'on n'a plus d'illusions. L'imagination est riche, abondante, merveilleuse, l'existence pauvre, sèche et désenchantée. On habite, avec un cœur plein, un monde vide ; et sans avoir usé de rien, on est désabusé de tout.

Les romantiques sont très influencés par cette théorie, ainsi que par sa mise en récit qu'est le court roman autobiographique *René* qui devait, à l'origine, servir d'épisode illustratif au chapitre consacré au «Vague des passions» dans le *Génie*. Le héros de Chateaubriand, René, explique ce qu'a été sa vie et pourquoi il est mélancolique : sa sœur (Amélie), avec qui il avait une relation privilégiée, s'est retirée du monde dans un couvent avant qu'il ne parte vainement tenter d'oublier son malheur en Amérique, où il apprend la mort de celle-ci. Dans un passage célèbre, il décrit la situation dans laquelle il se trouvait au moment où, arrivé à Paris, il fit l'expérience de la mélancolie :

> Je me trouvai bientôt plus isolé dans ma patrie que je ne l'avais été sur une terre étrangère. Je voulus me jeter pendant

quelque temps dans un monde qui ne me disait rien et qui ne m'entendait pas. Mon âme, qu'aucune passion n'avait encore usée, cherchait un objet qui pût l'attacher ; mais je m'aperçus que je donnais plus que je ne recevais. Ce n'était ni un langage élevé, ni un sentiment profond qu'on demandait de moi. Je n'étais occupé qu'à rapetisser ma vie, pour la mettre au niveau de la société. Traité partout d'esprit romanesque, honteux du rôle que je jouais, dégoûté de plus en plus des choses et des hommes, je pris le parti de me retirer dans un faubourg pour y vivre totalement ignoré.

Je trouvai d'abord assez de plaisir dans cette vie obscure et indépendante. Inconnu, je me mêlais à la foule : vaste désert d'hommes !

Puisque l'idéal est trop élevé pour pouvoir trouver une forme satisfaisante dans la réalité, le héros décide alors de se retrancher du monde en partant pour l'Amérique. Autre solution envisageable : le suicide. Au début de ses *Mémoires d'outre-tombe*, Chateaubriand confesse avoir, dans la réalité de sa vie, envisagé lui aussi cette solution lorsqu'il était adolescent et explicite sa situation :

De plus en plus garrotté à mon fantôme, ne pouvant jouir de ce qui n'existait pas, j'étais comme ces hommes mutilés qui rêvent des béatitudes pour eux insaisissables, et qui se créent un songe dont les plaisirs égalent les tortures de l'enfer. J'avais en outre le pressentiment des misères de mes futures destinées : ingénieux à me forger des souffrances, je m'étais placé entre deux désespoirs ; quelquefois je ne me croyais qu'un être nul, incapable de s'élever au-dessus du vulgaire ; quelquefois, il me semblait sentir en moi des qualités qui ne seraient jamais appréciées. Un secret instinct m'avertissait qu'en avançant dans le monde, je ne trouverais rien de ce que je cherchais.

Tout nourrissait l'amertume de mes dégoûts.

Le tiraillement, l'oscillation entre l'insatisfaction et l'enthousiasme sont les traits distinctifs d'une mélancolie particulière liée au sentiment que le monde bascule, avec la Révolution française, dans le néant et l'excès tout à la fois : la civilisation occidentale s'ausculte alors comme un grand corps malade pris de convulsions.

▶ Un désenchantement à répétition

Cette mélancolie est-elle vraiment le mal d'une génération ? Non, le mal du siècle est régulièrement reformulé, depuis la seconde moitié du XVIIIe siècle – dans les années 1800, puis 1820-1830, et jusqu'aux lendemains de la révolution de 1848, à nouveau décevante : la mélancolie est le sentiment que chaque nouvelle génération de jeunes gens s'attribue comme son caractère propre. Mais tous les dix ans, on proclame qu'à la génération précédente il y avait des héros et qu'alors on croyait à des valeurs, à des idéaux dorénavant disparus. Le caractère stéréotypé de cette plainte est la source de railleries parmi les anti-romantiques, qui y voient une posture et une étape de jeunesse, vouée à disparaître devant les responsabilités du monde adulte. Ainsi, de nombreux dramaturges pasticheront les célèbres vers par lesquels Hernani décrit son énergie destructrice, à l'acte II, scène 5, dans la pièce éponyme de Victor Hugo :

> [...] Je suis une force qui va !
> Agent aveugle et sourd de mystères funèbres !
> Une âme de malheur faite avec des ténèbres !
> Où vais-je ? je ne sais. Mais je me sens poussé
> D'un souffle impétueux, d'un destin insensé.
> Je descends, je descends, et jamais ne m'arrête.
> Si parfois, haletant, j'ose tourner la tête,
> Une voix me dit : Marche ! et l'abîme est profond,

Et de flamme ou de sang je le vois rouge au fond !
Cependant, à l'entour de ma course farouche,
Tout se brise, tout meurt. Malheur à qui me touche !

Il est donc de l'énergie dans la mélancolie ! Source de raillerie, dénonciation d'une pose puérile ou d'un caprice de la mode, la mélancolie devient néanmoins un fait social, et même un fait « scientifique ». Si les poètes, philosophes et théologiens ont toujours été intéressés par les individus atteints d'« humeur noire », les premiers psychologues qui étudient le fonctionnement de l'esprit s'interrogent sur cette pathologie de façon scientifique. Dans son *Traité médico-philosophique sur l'aliénation mentale ou la manie* (1801), Philippe Pinel (1745-1826) est le premier à esquisser une analyse médicale de cette maladie, à en caractériser les différents signes cliniques, et à en proposer un mode de traitement.

▶ Le rejet du présent

DÉSENCHANTÉS

Alfred de Musset (1810-1857) est l'enfant terrible du mouvement romantique : il apparaît dans les cénacles dès avant 1830 et est aussi bien connu pour sa poésie que pour son théâtre. Sa liaison aussi intense que brève avec George Sand donne à son génie la maturité qui manque à un si jeune homme. Mais, à partir des années 1838 jusqu'à sa mort, malgré quelques petits succès, il n'écrit plus de textes aussi puissants que *Les Nuits* ou *Lorenzaccio*. Dans *La Confession d'un enfant du siècle*, roman autobiographique (1836), Musset présente un héros caractéristique de la génération de 1820, Octave, qui ressemble tantôt au héros du roman autobiographique de Sainte-Beuve, Amaury, dans *Volupté* (1834), tantôt au héros étrange d'Alfred de Vigny dans *Stello* (1832), ou bien encore qui servira de modèle au héros éponyme d'un roman romantique tardif d'Eugène Fromentin, *Dominique* (1863). Octave, donc, dans sa confession, explique comment il a été atteint par ce mal du siècle, blessé par des peines d'amour, certes, mais surtout fils castré de la Révolution et de l'Empire, amputé de toute croyance, désenchanté :

> Ce fut comme une dénégation de toutes choses du ciel et de la terre, qu'on peut nommer désenchantement ou, si l'on veut, *désespérance*; comme si l'humanité en léthargie avait été crue morte par ceux qui lui tâtaient le pouls. De même que ce soldat à qui l'on demanda jadis : «À quoi crois-tu?» et qui le premier répondit : «À moi»; ainsi la jeunesse de France, entendant cette question, répondit la première «À rien».
>
> Dès lors il se forma comme deux camps; d'une part, les esprits exaltés, souffrants, toutes les âmes expansives qui ont besoin de l'infini, plièrent la tête en pleurant; ils s'enveloppèrent de rêves maladifs, et l'on ne vit plus que de frêles roseaux sur un océan d'amertume. D'une autre part, les hommes de chair restèrent debout, inflexibles au milieu des jouissances positives, et il ne leur prit d'autre souci que de compter l'argent qu'ils avaient. Ce ne fut qu'un sanglot et un éclat de rire, l'un venant de l'âme, l'autre du corps.

Musset brosse ainsi à son tour un tableau du désenchantement romantique. Pour les jeunes gens qui ont vingt ans, aucun idéal n'est à attendre : les grandes conquêtes ont été faites par les ancêtres, la politique n'est plus que le règne de l'argent et des combines, l'utopie politique semble repousser à des futurs très lointains la possibilité d'une ère idéale où l'action ferait sens. Dès lors, le rejet de ce monde entraîne deux attitudes : la mélancolie et le cynisme... L'absence de croyance à des idéaux, l'impossibilité d'inscrire son action dans un monde devenu prosaïque et l'absence de sens caractérisent cette mentalité désenchantée. La perte des valeurs individuelles est considérée, plus largement, comme une perte du sens. Musset présente ainsi la situation de son temps :

Trois éléments partageaient donc la vie qui s'offrait alors aux jeunes gens : derrière eux un passé à jamais détruit, s'agitant encore sur ses ruines, avec tous les fossiles des siècles de l'absolutisme ; devant eux, l'aurore d'un immense horizon, les premières clartés de l'avenir ; et entre ces deux mondes... quelque chose de semblable à l'Océan qui sépare le vieux continent de la jeune Amérique, je ne sais quoi de vague et de flottant, une mer houleuse et pleine de naufrages, traversée de temps en temps par quelque blanche voile lointaine ou par quelque navire soufflant une lourde vapeur ; le siècle présent, en un mot, qui sépare le passé de l'avenir, qui n'est ni l'un ni l'autre et qui ressemble à tous deux à la fois, et où l'on ne sait, à chaque pas que l'on fait, si l'on marche sur une semence ou sur un débris.

Voilà dans quel chaos il fallut choisir alors ; voilà ce qui se présentait à des enfants pleins de force et d'audace, fils de l'Empire et petit-fils de la Révolution.

Or, du passé ils n'en voulaient plus, car la foi en rien ne se donne ; l'avenir, ils l'aimaient, mais quoi, comme Pygmalion Galatée : c'était pour eux comme une amante de marbre, et ils attendaient qu'elle s'animât, que le sang colorât ses veines.

Il leur restait donc le présent, l'esprit du siècle, ange du crépuscule qui n'est ni la nuit ni le jour ; ils le trouvèrent assis sur un sac de chaux plein d'ossements, serré dans le manteau des égoïstes, et grelottant d'un froid terrible. L'angoisse de la mort leur entra dans l'âme à la vue de ce spectre moitié momie et moitié fœtus ; ils s'en approchèrent comme le voyageur à qui l'on montre à Strasbourg la fille d'un vieux comte de Sarvenden, embaumée dans sa parure de fiancée : ce squelette enfantin fait frémir, car ses mains fluettes et livides portent l'anneau des épousées, et sa tête tombe en poussière au milieu des fleurs d'oranger.

L'ambivalence des signes, l'association des contraires, l'indéfinition marquent la conception du temps dans ce texte. La figure de l'enfant mort, jeune épousée aussitôt trépassée, symbolise une vie stérile, dans laquelle la mort rejoint la naissance sans que se soit jamais épanouie la fleur de l'âge, comme un monde mort-né. La dimension du présent est donc ce qui manque : entre le germe et la fleur morte, la vie ne se sera pas épanouie. Ce rejet du présent constitue le trait de caractère de nombreux héros de romans romantiques. Dans la première génération, comme nous l'avons déjà évoqué, Senancour dans *Oberman* et Benjamin Constant dans *Adolphe* présentent la même version d'une mélancolie marquant l'orée du siècle et constituant le trait distinctif des personnages de roman. Mais plus loin dans le siècle, Honoré de Balzac (1799-1850) montre aussi, dans *La Peau de chagrin* (1831), son héros Raphaël de Valentin et ses amis journalistes qui ne croient plus à rien s'enfoncer dans une mélancolie propre à ce mal du siècle : le roman prend alors en charge ce mal dans une fiction qui doit bien plus au fantastique qu'à l'autobiographie. Enfin, dans la seconde moitié du siècle, avec Frédéric Moreau, héros de *L'Éducation sentimentale* (1869), Gustave Flaubert (1821-1880) présente un romantique n'ayant réussi ni à aimer, ni à participer à l'action révolutionnaire de son temps.

L'ESTHÉTIQUE DE LA MÉLANCOLIE

Mais loin de rester la marque d'un caractère, fût-il la représentation du sujet moderne, la mélancolie devient le trait distinctif d'une nouvelle esthétique. Ainsi, en 1801, dans *De la Littérature*, Mme de Staël (1766-1817) attribue aux pays du Nord ce sentiment, dont elle fait la caractéristique d'un nouveau courant littéraire, le romantisme. Nièce de Necker, ministre des Finances de Louis XVI, et épouse d'un diplomate suédois, Germaine de Staël est une figure cardinale du romantisme. Inspirée par les discussions de son cercle choisi de Coppet, elle développe dans ses écrits la théorie du romantisme, liée à ses idées libérales : le libéralisme n'est alors pas seulement la doctrine qui prône le libre-échange, la circulation des biens et des hommes, mais aussi, dans la tradition de la philosophie du XVIIIe siècle, une pensée des droits de l'individu contre les déterminismes, sociaux ou légaux, et contre l'ingérence de l'État dans la vie privée. Pour Mme de Staël, la mélancolie est compensée par l'enthousiasme romantique, qui est aussi une vertu politique. Elle est alors féconde en ce sens qu'elle s'allie à une aspiration à l'idéal : en comparaison avec celle de Musset ou de Flaubert, la mélancolie du début du siècle est encore pleine d'énergie. Cette énergie est esthétique aussi bien que philosophique, dans la mesure où elle touche à la grandeur de la nature. Il s'agit donc d'une énergie métaphysique qu'un peintre comme Caspar David Friedrich (1774-1840), en Allemagne, illustre parfaitement, avant qu'un musicien comme Richard Wagner (1813-1883) n'en fasse le socle de ses opéras.

Questions d'identité : figures du héros romantique

Le versant mélancolique du romantisme ne l'empêche pas d'avoir une conscience aiguë du monde et de la place que le sujet peut y occuper. Ainsi, on parle de «réalisme romantique», ce qui peut paraître une contradiction si l'on considère seulement l'aspect idéaliste du romantisme, attaché au rêve et au sujet. Mais la définition du *moi* se fait par opposition avec un monde rejeté, dont les

romantiques décrivent en détail la réalité, tant sociale que phénoménologique ou politique.

▶ **L'impuissance**

TOUT OU RIEN

Les romans romantiques présentent un modèle fréquent : l'esprit
du siècle est attribué à un jeune héros, exemplaire de sa génération. La mélancolie repose alors sur un idéalisme déçu : ne pouvoir
mettre en pratique ses rêves dans un monde trop étroit et déce-
vant. Le réel est vide, et son existence se marque par tout ce qui
vient entraver, contraindre ou blesser le sujet. Parce qu'il préfère
n'être rien à n'être pas tout, ou parce que la situation actuelle
l'empêche d'inscrire son action dans le monde, le héros romantique se trouve en situation d'impuissance. Se reflète souvent en
lui, de façon plus ou moins déformée, une figure de l'auteur
romantique : entre l'ambition exprimée par le très jeune Hugo
voulant être «Chateaubriand ou rien» et la conscience désabusée
de Musset doutant de son talent, de nombreux écrivains représentent leurs aspirations contradictoires par les déchirements
intérieurs du héros.

Incapable d'agir, le héros romantique est même impuissant à
désirer. Dans les romans des années 1820-1830, cette paralysie du
désir prend une forme physique, l'impuissance sexuelle. C'est le
cas d'Octave de Malivert, dans *Armance* (1827), qui souffre d'être
soumis au destin des jeunes gens de sa classe (faire honneur à son
nom, et se marier), alors que l'époque a défait le sens de ces valeurs
aristocratiques et montré la faillite de la tradition. Pour les romantiques, les ancêtres ont été de valeureux combattants, mais
l'époque n'offre plus de combat héroïque à mener : la figure pater-
nelle devient donc écrasante, rappelant au sujet sa nullité, mais les
pères eux-mêmes ont déçu, à l'image de Napoléon, en trahissant

l'idéal qu'ils représentaient, ou en révélant leurs faiblesses, ce qui ouvre une rivalité encore plus difficile à résoudre puisqu'elle s'accompagne de la culpabilité de ne pas admirer le père. Comment être quelqu'un dans une époque marquée par la fin des héros ? Dans le troisième roman de Stendhal, *Lucien Leuwen* (posthume, 1894), le héros vit la même difficulté alors qu'il est fils de bourgeois (son père est banquier). La fortune familiale met Lucien en demeure de choisir un état, mais il ne sait ce qu'il a envie d'être. Paradoxalement, trop de liberté produit le même résultat que la contrainte sociale : l'impossibilité de – ou l'incapacité à – se déterminer pour exister comme un individu ayant une identité sociale.

LA PARALYSIE DU DÉSIR

L'impuissance du héros romantique se marque aussi par son incapacité à consommer son désir. Raphaël de Valentin, dans *La Peau de chagrin* de Balzac, perd un peu de puissance de vie chaque fois qu'il émet un souhait, parce que son désir se réalise en rétrécissant la peau d'âne qui symbolise l'espace de sa vie – cette « peau de chagrin » fantastique qu'il a trouvée chez un antiquaire situé, ironiquement, quai Voltaire à Paris. La femme désirée, Fœdora, incarne la puissance maléfique de la réalité sociale, historique et fantasmatique, le monde et son envers infernal, la perte de soi qui atteint le sujet dès qu'il sort de lui ou extériorise son idéal intime. Mais plus encore que l'incapacité à aimer ou agir, l'impuissance manifeste l'emprisonnement qui atteint le sujet romantique depuis le début du siècle : en témoigne cet ennui qui détourne le sujet du monde, et le dégoûte de tout, y compris de lui-même. Il est marqué par le sentiment d'une perte que rien ne peut compenser, et qui lui fait ressentir une tristesse sans objet. Ces figures d'impuissants s'accompagnent d'autres représentations de l'amour. Les romantiques sont influencés par les théories idéalistes de l'amour comme révélation métaphysique. Platon (428-347 av. J.-C.), dans *Le Banquet*, présentait ainsi le mythe des origines de l'amour : initialement, les êtres étaient des boules, des sphères – des androgynes (littéralement des « hommes-femmes »). Mais à cause de leurs fautes contre les dieux, les individus ont été coupés en deux par Zeus. Depuis, chacun erre en quête de sa moitié, qui viendrait le compléter. Pour certains romantiques, l'amour est donc le moyen d'atteindre l'idéal, de retrouver l'absolu, et la plénitude de soi. Mais cette union métaphysique n'est pas sans danger : pour une femme idéale, combien de créatures maléfiques révèlent leur versant infernal pour un héros pris au piège de leur séduction ? Le personnage de la femme maléfique appartient à une longue tradition qui influence les romantiques, depuis les fées vouivres du Moyen Âge, jusqu'à Biondetta dans le roman fantastique *Le Diable amoureux* de Jacques Cazotte (1772).

▶ **L'ironie**

Comme nous l'avons vu dans le texte extrait de *La Confession d'un enfant du siècle* de Musset, l'idée que tout se vaut et que rien n'a de valeur entraîne une deuxième attitude, symétrique par rapport à la mélancolie : une forme d'ironie et de cynisme qui fait considérer le monde comme le lieu des possibles, la vie comme un jeu et soi comme un maître d'illusions sans identité propre. Dans ce deuxième versant, le héros romantique est l'observateur attentif des contradictions du monde, mais il ne reste pas passif. Raillant sa propre propension à se lamenter, il décide de faire jouer à son profit ce monde si imparfait. Ainsi, Julien Sorel, héros du *Rouge et le Noir* de Stendhal (1830), se fait prêtre pour endosser « l'uniforme de son temps » avant d'épouser Mathilde, la fille du marquis de La Mole, qui lui permet d'accéder au plus haut titre dans l'armée et la noblesse. Cette ascension sociale progressive, comme plus tard celle du héros de *Bel-Ami* de Maupassant, passe par les femmes. Dans certains romans ou pamphlets satiriques romantiques, l'amour est alors présenté comme un faux-semblant, et le mariage vu comme une institution sociale tronquée. La *Physiologie du mariage* de Balzac (1829) présente avec ironie les travers de la femme mariée et les solutions qui permettront à l'homme d'échapper au cocufiage qui le guette comme à l'enfermement domestique. Certes, parallèlement à cette veine de la satire, certains écrits romantiques revendiquent l'émancipation de la femme, de l'éducation jusqu'au droit de vote.

Derrière son opportunisme, le romantique cynique est marqué par son absence de caractère propre. Partagé entre la nécessité d'un rôle social et l'absence d'envie de s'inscrire dans le monde, il souffre d'une absence d'intériorité. En témoigne le héros, Lorenzo, de *Lorenzaccio*, la pièce de Musset. Décidé à venger sa famille, Lorenzo de Médicis devient un familier du prince Alexandre, dont il feint d'être l'ami pour pouvoir le tuer. Mais, alors que son masque fonctionne, Lorenzo se prend à son propre jeu : il a tant joué l'ami, qu'il peine à haïr l'homme qu'il doit tuer. Derrière le déguisement et le faux personnage qu'il s'est composé n'existe plus personne, comme si le masque était devenu la seule identité restante, ou comme si le jeune homme s'était perdu dans le tournoiement de ses rôles.

Cette difficulté à se déterminer intérieurement prend la forme du vide, mais aussi celle de la multitude : habitué à s'observer et à commenter ses sentiments, le héros romantique est divisé entre une conscience réflexive et ses émotions. Alors qu'autrefois le héros était pris dans le conflit tragique, qui lui faisait opposer le devoir et sa fidélité à ses idéaux, il est désormais partagé entre des voix intérieures toutes égales, qui l'égarent dans une indéfinition perpétuelle.

► **Figures de l'errance**

Quelques figures sont des modèles du sujet romantique : on peut en proposer une petite typologie, selon leur degré d'insertion dans la société, et le rôle social qu'ils ont choisi pour préserver leur singularité. Pour le héros romantique, la difficulté est en effet de parvenir à exister socialement sans se perdre.

LE HÉROS EN MARGE DE LA SOCIÉTÉ

Pour cela, la première posture consiste à se mettre en marge de la société. Le héros éponyme du long poème narratif de Lamartine, *Jocelyn* (1836), isolé et exilé dans la montagne parce qu'il est prêtre pendant la Révolution, n'a plus de patrie, plus de père, doute et connaît un amour platonique avec une jeune fille déguisée en garçon avant de se sacrifier pour elle. Figure christique, sacrifié sur l'autel de l'Histoire, le héros lamartinien est aux prises avec la société et le monde, mais sa vertu, qui l'isole, est un exemple.

À l'opposé mais toujours dans la déréliction, le hors-la-loi, le brigand, de même que le bohémien et le personnage errant sont des figures de « hors venu ». L'errant est celui qui apporte, dans une société, un ferment de différence, voire une aura dangereuse ; il est une source d'inspiration : refuser les convenances, ne suivre que sa propre loi, traverser le monde comme en passant, telles sont les caractéristiques du génie. Ainsi, les mémoires de bandits ou d'évadés, comme Vidocq, Lacenaire, mais aussi Pellico, connaissent un immense succès. Ce succès est relayé par les journaux, qui se démocratisent et offrent dans leurs pages les premiers romans-feuilletons, qui s'inspirent aussi de l'actualité et des faits divers parus dans les journaux. On trouve ce type de personnage, par exemple, sous la figure de Vautrin dans les romans balzaciens (*Le Père Goriot* en 1834, *Illusions perdues* en 1843,

Splendeurs et misères des courtisanes en 1847) ou sous la figure de Jean Valjean chez Hugo dans *Les Misérables*.

L'ÉCRIVAIN MAUDIT

Conservant son étrangeté et faisant de celle-ci une parure sociale, l'artiste s'inscrit dans la société. Structurellement, les romantiques cultivent la proximité de cet état avec celui des hors-la-loi. Ils entretiennent l'idée de l'écrivain maudit. Pris entre la nécessité de plaire et celle de suivre leur liberté personnelle, de nombreux artistes végètent dans leurs ateliers, ou leur mansarde, et se tuent dans la fleur de l'âge, comme Aloysius Bertrand, dont le recueil de poèmes en prose *Gaspard de la nuit* connaît un grand succès lorsqu'il est publié un an après sa mort, en 1842.

De grandes figures de l'artiste suicidaire peuplent la littérature romantique comme par exemple, dans la fiction, le héros du drame d'Alfred de Vigny, *Chatterton*, adaptation dramaturgique de l'intrigue déjà contée dans *Stello* en 1832. En 1770, à Londres, un industriel, John Bell, exerce son autorité implacable sur ses ouvriers et son épouse Kitty. Sous son toit vit un poète méconnu, dégoûté par le matérialisme de la société qui l'entoure. La révélation de l'amour que lui porte Kitty Bell le réconforte quelque peu, mais le lord-maire lui propose un emploi humiliant et sa poésie est calomniée. Il s'empoisonne en avouant sa passion pour Kitty qui meurt après lui. Exclu de la société, idéaliste, désespéré et révolté, le héros romantique est marqué par le malheur parce qu'il est déchiré entre ses aspirations et le renoncement qui le conduisent à la mort. Bien d'autres personnages de fiction incarnent cet individu génial et incompris. Vivant dans une mansarde et se nourrissant de lectures et d'idées, les héros balzaciens suivent souvent le chemin de ce type héroïque désespéré – l'ironie balzacienne, cependant, donne d'autres perspectives à cette typologie. Dans la réalité, certains romantiques sont marqués par une mélancolie pathologique et deviennent fous. Gérard de Nerval se pend en

1855 à la suite d'une crise de folie, maladie qui le ronge depuis 1841. Le personnage de l'aliéné s'inscrit dans la tradition du bouffon qui voit la vérité et peut la dire parce qu'il est en marge de la société et la présente sous un jour badin. La folie fascine, car elle paraît donner accès à un autre monde derrière la réalité. De façon emblématique, le fameux sonnet de Nerval, «El Desdichado», recueilli dans *Les Chimères* (1854), donne une idée de ce rapport évident de la mélancolie avec la crise d'identité que le sujet poétique, tout autant que l'artiste ou le personnage de roman, peut traverser. Ce *desdichado* – «déshérité» en espagnol – porte les attributs de la mélancolie, peut-être parce qu'il ne sait pas qui il est, et qu'il s'interroge sur le sens profond de l'Être :

> Je suis le ténébreux, – le veuf, – l'inconsolé,
> Le prince d'Aquitaine à la tour abolie :
> Ma seule *étoile* est morte, et mon luth constellé
> Porte le *soleil* noir de la *Mélancolie*
>
> Dans la nuit du tombeau, toi qui m'as consolé,
> Rends-moi le Pausilippe et la mer d'Italie,
> La *fleur* qui plaisait tant à mon cœur désolé,
> Et la treille où le pampre à la rose s'allie.
>
> Suis-je Amour ou Phébus ?... Lusignan ou Biron ?
> Mon front est rouge encor du baiser de la reine ;
> J'ai rêvé dans la grotte où nage la sirène...
>
> Et j'ai deux fois vainqueur traversé l'Achéron :
> Modulant tour à tour sur la lyre d'Orphée
> Les soupirs de la sainte et les cris de la fée.

▶ Héros et société

Le génie incompris sert de modèle à l'individu, puisque l'artiste devient la figure du sujet lui-même. Pourtant, derrière cette représentation, le statut social de l'artiste a changé : désormais, être artiste constitue un emploi, une occupation reconnue, et même recherchée par la jeunesse. Parallèlement, l'art entre dans la période de sa commercialisation et de sa plus grande diffusion. Les écrivains peuvent gagner leur vie de leur plume, et ne sont donc plus soumis aux pensions données par un prince. Désormais, ils ont affaire à un autre maître, pas moins difficile : le public. Les artistes romantiques raillent le personnage du philistin, le bourgeois qui ne connaît rien à l'art mais se pique d'être connaisseur. Tout en peignant la caste des nobles en dérélictíon, les romantiques décrivent le nombre croissant des gens d'argent : industriels, banquiers, rentiers deviennent les nouvelles cibles dans la satire romantique. À ces figures vont être associés des régimes : d'un côté l'ancienne royauté européenne et son immobilisme, de l'autre la jeune démocratie américaine et la bêtise de sa populace uniquement préoccupée d'argent et de bien-être matériel. Réalités ou stéréotypes, il y a là des représentations dont nous héritons aujourd'hui.

Corrélativement, une figure romantique incarne l'insertion dans la société : le parvenu fait l'objet de nombreux romans. Le jeune héros devient la figure de celui qui arrive à la lisière de la société, l'observe et s'interroge sur les moyens d'y pénétrer. Dans *Le Rouge et le Noir*, le parcours de Julien Sorel est scandé par son arrivée devant une porte, qui marque l'entrée d'un nouveau monde, une société à conquérir : la porte des Rênal, celle du séminaire de Besançon, celle de l'hôtel de La Mole, et, pour finir, celle de la prison. Son parcours suit ces étapes successives de la progression sociale : il est finalement devenu un noble gradé dans l'armée, alors qu'il était le fils d'un provincial possédant une petite scierie. Néanmoins il reste marqué par la conscience de son origine, source d'ambition mais aussi de malaise. Avant d'être condamné à mort pour avoir tenté d'assassiner sa première amante, Mme de Rênal, Julien Sorel présente devant le tribunal un discours où il revendique son geste comme celui du représentant d'une classe de jeunes gens ayant faim, et dont l'énergie n'est pas reconnue par la société. La conversion du personnage ambitieux en héros mélancolique acceptant la mort à la fin du roman indique assez combien la société de 1830 n'est pas faite pour accueillir en son sein un héros romanesque, une figure romantique qu'elle a pourtant engendrée.

Pour un pauvre devenu noble, combien de gens subissent une misère terrible ? Si les auteurs romantiques livrent des descriptions bucoliques de la campagne et des peintures idylliques des folklores populaires, ils livrent aussi les premières descriptions de la misère. C'est notamment frappant dans la description des villes. Lieux de misère, elles sont aussi présentées comme des regroupements d'énergie et de brassage des populations, contre l'ennui et la monotonie de la province.

Le romantisme n'est donc pas enfermé dans le sentiment et l'isolement du sujet. Cette réduction est en fait la version critique, et caricaturale, du romantisme présentée par ses détracteurs, ceux qui ont refusé le romantisme à leur époque, mais aussi par la critique littéraire jusqu'à aujourd'hui. Les critiques ont négligé le fait que le romantisme est aussi une conscience de l'époque. Le sujet romantique se définit par son rapport avec le réel, et une conception de l'Autre. De même qu'il s'appuie sur une vision du monde et s'interroge sur les façons de s'y inscrire, le courant romantique ne naît pas comme une idée abstraite, coupée de son environnement historique et de l'Histoire. Si les romantiques se sont définis dans la rupture avec les Lumières, leur mouvement ne se comprend que par rapport à l'esthétique du XVIIIe siècle, qu'il renouvelle, et parfois prolonge : l'écrivain romantique est en lutte avec la société, mais ce n'est pas pour autant que celle-ci disparaît de son œuvre, bien au contraire. La réalité forge l'individu romantique autant que la mélancolie provoquée en lui par cette réalité. L'identité romantique est alors problématique en ce sens qu'elle joue tour à tour, ou simultanément, de l'isolement et de l'appartenance à une collectivité. On comprendra ainsi comment on peut être *réaliste* et mélancolique, comment on peut faire cas de la réalité comme Balzac, Stendhal, Hugo – ou même Flaubert ! – et être profondément romantique.

à vous...

ÉCOUTEZ ET COMPAREZ !

1 – Procurez-vous un enregistrement du *Voyage d'hiver* (1826) du compositeur Franz Schubert (1797-1828) et un enregistrement des *Chants d'un compagnon errant* (1885) du compositeur Gustav Mahler (1860-1911) avec un livret. Lisez les textes traduits des *Lieder*. Comparez les deux expressions de la mélancolie en musique. Quel romantisme marque chacune des œuvres ?

SUJET D'EXPOSÉ

2 – Approfondissez les liens de l'esthétique avec la mélancolie ! Prenez comme point de départ cette définition du « beau idéal » de Baudelaire dans un passage de *Fusées* (chapitre 10), dans ses *Journaux intimes* (posthume 1887) :

« J'ai trouvé la définition du Beau, – de mon Beau. C'est quelque chose d'ardent et de triste, quelque chose d'un peu vague, laissant carrière à la conjecture. Je vais, si l'on veut, appliquer mes idées à un objet sensible, à l'objet par exemple, le plus intéressant dans la société, à un visage de femme. Une tête séduisante et belle, une tête de femme, veux-je dire, c'est une tête qui fait rêver à la fois, – mais d'une manière confuse, – de volupté et de tristesse ; qui comporte une idée de mélancolie, de lassitude, même de satiété, – soit une idée contraire, c'est-à-dire une ardeur, un désir de vivre, associé avec une amertume refluante, comme venant de privation ou de désespérance. Le mystère, le regret sont aussi des caractères du Beau. »

3 – Feuilletez le catalogue de l'exposition *Mélancolie. Génie et folie en Occident* (Paris, Gallimard, 2005) et lisez en particulier l'article de Robert Kopp (pp. 328-340) sur les « figures de la mélancolie romantique de Chateaubriand à Sartre ». Repérez, dans le catalogue, des reproductions de tableaux et de gravures qui illustrent ou mettent en perspective le propos de Baudelaire, analysez-les et expliquez pourquoi vous les avez choisies.

SUJET DE DISSERTATION

4 – Dans son essai critique, *Balzac et le réalisme français* (Maspéro, 1969), le Hongrois György Lukács explique la convergence « réaliste » des deux romanciers aux idéologies si contraires, Balzac le légitimiste et Stendhal le libéral :

« Balzac et Stendhal se rencontrent en ceci que chez tous deux le réalisme et le dépassement de la moyenne quotidienne vont de pair, parce que pour tous deux le réalisme signifie la recherche de l'essence de la réalité cachée sous la surface. Mais chacun d'entre eux a une idée différente de cette essence. »

En vous appuyant sur des romans de Balzac et de Stendhal, vous analyserez et, au besoin, discuterez cette affirmation.

La fantaisie romantique : ruptures et héritages

Le rejet du monde peut entraîner le complexe repli du sujet sur lui-même dans un mouvement mélancolique mêlant aspirations et désillusions, mais aussi faire naître le désir de réenchanter le monde, soit en découvrant en lui d'autres richesses, imperceptibles au premier regard, soit en explorant des voies d'accès à d'autres mondes possibles. La question des formes et des genres constitue une perspective essentielle pour saisir les enjeux de cette fantaisie : l'esthétique romantique procède en effet d'un vaste mouvement de remise en question de la norme et de la règle qui met en avant la sinuosité et les vicissitudes de la vie contre la ligne droite de la raison raisonneuse. La fiction et les modes de vie romantiques ressortissent ainsi à une tentative d'habiter différemment le monde.

Réenchanter le monde

Contre le monde mécanisé de la science et de la logique, monde mort comme une planche anatomique, les romantiques cherchent à « réenchanter le monde », en y insufflant le pouvoir de l'utopie, ou en saisissant son vitalisme premier, le courant d'énergie qui le traverse. Cette utopie repose sur le renoncement au monde tel qu'il est, dont nous avons vu le versant démocratique. Soit il faut révéler l'arrière-monde, celui que l'habitude et les dogmes de pensée nous cachent, soit il faut en imaginer un nouveau, et espérer le mettre un jour à la place de celui-ci. Ce versant utopiste constitue le socle de nombreux courants de pensée politiques, qui mènent au socialisme ou à l'anarchisme, mais accompagne aussi les réflexions sur l'histoire, la lecture de la Révolution et les émeutes populaires des années 1830.

Le philosophe Charles Fourier (1772-1837) va contre la morale de son temps en appelant à libérer les désirs au lieu de les contraindre. Critiquant la société moderne, industrielle et commerciale, il imagine une société idéale et agricole, qui serait organisée en communauté autonome, nommée le Phalanstère. Là, chacun se verrait assigner un rôle selon son type humain et la nature de ses passions, les enfants seraient élevés en commun, et la propriété individuelle abolie. L'organisation de cette communauté est régie par des formes qui sont des symboles, visuels et intellectuels, de l'ordre de valeurs que Fourier souhaite promouvoir. Son utopie sera une source d'inspiration pour les premiers socialistes du début du XIXᵉ siècle. Karl Marx (1818-1883), après avoir suivi des études de philosophie auprès des romantiques allemands, se détourne de la pensée du vitalisme pour proposer les bases du socialisme : l'Histoire est animée par la lutte des classes, et le désir de reconnaissance qui fait se révolter le prolétariat. La fin de l'Histoire doit marquer la fin des différentes classes, le pouvoir du peuple ouvrier (la « dictature du prolétariat »), apporté par une révolution. Puisant à des sources romantiques, cette pensée ouvre un courant très important pour la pensée politique du XXᵉ siècle.

Les utopies anarchistes et socialistes apparaissent dans le contexte d'une pensée romantique qui considère la nature et la matière comme un monde secrètement animé de forces, et qui veut rendre ses droits à l'imagination. Outre l'inspiration politique qu'elle a contribué à faire jaillir, cette pensée donne naissance à des formes de littérature qui renouvellent le merveilleux et le fantastique.

Le fantastique romantique et l'imagination au pouvoir

Les philosophes des Lumières cherchaient à identifier et calculer les principes organisateurs du monde et du vivant, sous une forme scientifique. Les romantiques considèrent qu'une telle ambition est un crime contre la vie : le classique serait semblable à un boucher qui dépèce un quartier de viande, au lieu d'admirer la beauté et l'énergie qui animent l'animal vivant. Le monde est traversé de forces dont l'artiste peut chercher à s'approprier l'énergie au profit de sa création.

▶ L'illuminisme romantique

PRINCIPES MYSTIQUES

La valorisation de la métaphysique contre la logique et de l'imagination contre la raison conduit à un renouveau religieux. Celui-ci n'est pourtant pas entièrement inédit : les romantiques poursuivent un courant de pensée qui existait déjà au XVIIIᵉ siècle, de façon plus souterraine, l'illuminisme, désignant les tentatives pour penser conjointement les croyances païennes et chrétiennes, notamment l'idée de révélation et l'animation de la matière. Influencé par le théosophe suédois Swedenborg (1688-1772) et la mystique médiévale, Louis Claude de Saint-Martin (1743-1803) développe une conception du christianisme reposant sur l'idée d'un lien entre l'âme et l'invisible : un principe secret anime la nature, et le langage sert de point de passage entre la divinité et les hommes, l'ordre du monde et sa variété. À sa suite, de nombreux penseurs poursuivent cette intuition, créant des cercles mystiques, où l'on pratique l'évocation des esprits et des recherches en alchimie (quête secrète d'un principe qui permettrait de transformer la terre ou n'importe quel métal en or). Ces cérémonies et pratiques sont parfois menées par des charlatans profitant de la crédulité de leurs contemporains, comme le comte de Cagliostro, alias Giuseppe Balsamo (1743-1795), qui fonda des loges maçonniques, fit des prédictions très écoutées dans toute l'Europe, et fut incriminé dans des affaires de vol. Bien souvent, il n'est pas aisé de déterminer dans quelle mesure la mystique le dispute à la mystification : ainsi, Franz-Anton Mesmer (1734-1815) a associé son savoir de médecin à ses études sur le magnétisme. Il prétendait guérir par l'influence de courants, notamment dans une cérémonie comportant un mystérieux baquet autour duquel les participants se tenaient les mains.

L'IRRATIONNEL COMME SOURCE DE CONNAISSANCE

Cherchant à réévaluer les pouvoirs non rationnels, les romantiques mettent au premier plan non l'intelligence mais le cœur, la passion, le sentiment, et dans l'esprit, ils accordent à l'imagination le pouvoir de livrer une connaissance supérieure. Cette mode s'inscrit dans les cercles de création, notamment dans les confréries franc-maçonnes qui se tournent vers des formes de rites plus mystiques. De nombreux auteurs de l'époque appartiennent à cette confrérie, qui donne lieu aussi à des groupes de fervents religieux comme les Rose-Croix. Si le voltairianisme garde encore pour certains ses lettres de noblesse, peu nombreux sont ceux qui résistent au mysticisme, comme Stendhal, en ces périodes de trouble idéologique. L'irrationnel gagne une aura importante. Le rêve est considéré comme une voie d'accès à la connaissance. Dans *Les Illuminés*, Nerval regroupe des articles de journaux où il met en avant des représentants de l'illuminisme, passés et contemporains. Lui-même développe en ouverture d'*Aurélia* le thème d'un royaume intérieur auquel le rêve permettrait d'accéder :

> Le rêve est une seconde vie. Je n'ai pu percer sans frémir ces portes d'ivoire ou de corne qui nous séparent du monde invisible. Les premiers instants du sommeil sont l'image de la mort ; un engourdissement nébuleux saisit notre pensée, et nous ne pouvons déterminer l'instant précis où le *moi*, sous une autre forme, continue l'œuvre de l'existence. C'est un souterrain vague qui s'éclaire peu à peu, et où se dégagent de l'ombre et de la nuit les pâles figures gravement immobiles qui habitent le séjour des limbes. Puis le tableau se forme, une clarté nouvelle illumine et fait jouer ces apparitions bizarres ; le monde — le monde des Esprits s'ouvre pour nous.
>
> Swedenborg appelait ces visions *Memorabilia* ; il les devait à la rêverie plus souvent qu'au sommeil ; *L'Âne d'or* d'Apulée, *La Divine Comédie* du Dante, sont les modèles poétiques de ces études de l'âme humaine. Je vais essayer, à leur exemple, de transcrire les impressions d'une longue maladie qui s'est passée tout entière dans les mystères de mon esprit ; — et je ne sais pourquoi je me sers de ce terme de maladie, car jamais, quant à ce qui est de moi-même, je ne me suis senti mieux portant. Parfois, je croyais ma force et mon activité doublées ; il me semblait tout savoir, tout comprendre ; l'imagination m'apportait des délices infinies. En recouvrant ce que les hommes appellent la raison, faut-il regretter de les avoir perdues ?

Par la référence à Apulée, auteur latin, Nerval inscrit son roman dans la tradition mystique du néoplatonisme : *L'Âne d'or* présente l'histoire d'un homme transformé en âne, Lucius, qui doit traverser un certain nombre d'épreuves avant de trouver le bouquet de roses qui le rendra à sa forme humaine une fois qu'il l'aura... mâché! Il s'agit d'un récit allégorique de l'histoire de l'âme, exilée dans une enveloppe corporelle bestiale, et qui trouve la révélation par l'initiation aux mystères supérieurs de l'esprit, révélés par la déesse Isis. Le courant néoplatonicien et apuléen est une référence essentielle pour les romantiques. Il n'offre pas seulement une version fictionnelle de la pensée mystique, mais aussi un exemple de forme romanesque. Par cette référence, Nerval inscrit son roman dans la filiation du genre des métamorphoses, qui sont l'image d'un esprit subissant plusieurs incarnations, mais aussi le modèle d'un genre (le roman) qui réinvente perpétuellement sa forme à partir d'une lignée.

LA VIBRATION DU MONDE

Mais le plus important dans cette page de Nerval réside dans le motif du rêve. Là où les Anciens voyaient des présages ou messages envoyés par les dieux, les romantiques considèrent le rêve comme le moyen de réenchanter le monde. Au lieu d'être une forme de pensée dégradée, il devient supérieur à la raison consciente, qui est perçue comme une illusion, influencée par la société et les limites de l'esprit conscient. En favorisant l'association d'idées sans lien apparent, le rapprochement de réalités éloignées, et une logique poétique, le rêve est la forme idéale de l'art. Il va contre le monde parcellé et logique des Lumières, et permet de retrouver la vibration qui anime le monde, le désir premier qui enchante la matière, et dont le créateur doit retourner les forces de résistance pour les utiliser à son profit et en faire l'énergie de sa création. Mais les adversaires des romantiques critiquent cette valorisation du naturel et de l'impulsif, soulignant que «les rêveurs font de mauvais poètes». Les négligences des formes romantiques seraient des complaisances, et le résultat d'un manque de travail. Cette critique n'est pas nouvelle : c'était déjà l'argument invoqué par les Anciens contre les Modernes, argument que l'on retrouve encore aujourd'hui dans les polémiques concernant l'art contemporain !

▶ Puissances de l'imagination et du rêve

L'imagination et le rêve demeurent ainsi des piliers de la création romantique. Hugo, déjà, en 1831 dans *Les Feuilles d'automne*, montre dans un poème intitulé « La pente de la rêverie » combien le rêve est une source de puissance poétique :

> Alors, dans mon esprit, je vis autour de moi
> Mes amis, non confus, mais tels que je les vois
> Quand ils viennent le soir, troupe grave et fidèle,
> Vous avec vos pinceaux dont la pointe étincelle,
> Vous laissant échapper vos vers au vol ardent,
> Et nous tous, écoutant en cercle, ou regardant.
> [...]
> J'attendais. Un grand bruit se fit. Les races mortes
> De ces villes en deuil vinrent ouvrir les portes,
> Et je les vis marcher ainsi que les vivants,
> Et jeter seulement plus de poussière aux vents.
> Alors, tours, aqueducs, pyramides, colonnes,
> Je vis l'intérieur des vieilles Babylones,
> Les Carthages, les Tyrs, les Thèbes, les Sions,
> D'où sans cesse sortaient des générations.
> [...]
> Oh ! cette double mer du temps et de l'espace
> Où le navire humain toujours passe et repasse,
> Je voulus la sonder, je voulus en toucher
> Le sable, y regarder, y fouiller, y chercher,
> Pour vous en rapporter quelque richesse étrange,

Et dire si son lit est de roche ou de fange.
Mon esprit plongea donc sous ce flot inconnu,
Au profond de l'abîme il nagea seul et nu,
Toujours de l'ineffable allant à l'invisible...
Soudain il s'en revint avec un cri terrible,
Ébloui, haletant, stupide, épouvanté,
Car il avait au fond trouvé l'éternité.

Cette puissance poétique est liée à l'imagination qui rend l'artiste visionnaire. Dans d'autres recueils plus tardifs, Hugo montre combien cette qualité lui est familière, en particulier dans *Les Contemplations* et dans *La Légende des siècles*. Il faut dire que le romantisme, et peut-être l'art en général, fonde précisément son pouvoir sur celui de l'imagination, comme l'affirme Baudelaire dans son *Salon de 1859* lorsqu'il s'en prend aux tenants du réalisme et loue cette «faculté cardinale» dans son chapitre consacré à la «reine des facultés» :

Mystérieuse faculté que cette reine des facultés! Elle touche à toutes les autres; elle les excite, elle les envoie au combat. Elle leur ressemble quelquefois au point de se confondre avec elles, et cependant elle est toujours bien elle-même, et les hommes qu'elle n'agite pas sont facilement reconnaissables à je ne sais quelle malédiction qui dessèche leurs productions comme le figuier de l'Évangile.

L'apport essentiel de l'imagination et du rêve réside dans la transfiguration poétique de la réalité, transfiguration qui procède bien sûr du sujet, de son regard et de sa capacité créatrice mais, surtout, qui découle d'un cheminement vers l'essence de l'être, sa vérité profonde, établissant ainsi un *continuum* entre le «moi» et le monde. On retrouve ici une problématique déjà abordée : la communion du sujet avec le monde passe par une abstraction, un effacement du sujet particulier, de sorte qu'il devient universel dans sa singularité. Se définit alors le lyrisme romantique en fonction de ces puissances de l'imagination qui conduisent le sujet à une dilatation et en même temps à une concentration. Il existerait ainsi une ligne cohérente qui ferait se rejoindre les étapes de la rêverie de Rousseau, évoquées dans notre première perspective, et cette première phrase – manifeste – de *Mon cœur mis à nu* de Baudelaire : « De la vaporisation et de la centralisation du *Moi*. Tout est là. » Échapper au « moi », faire en sorte qu'il se dissolve, se confondre avec les choses, c'est en même temps lui donner la concentration suprême. Cette royauté du « moi » dans l'effacement et l'universalisation, c'est évidemment le « moi » du sujet poétique, une non-personne qui est toutes les personnes. Dans sa Préface aux *Contemplations*, Hugo écrit :

> Ce livre doit être lu comme on lirait le livre d'un mort. [...]
> Hélas ! quand je vous parle de moi, je vous parle de vous. Com-
> ment ne le sentez-vous pas ? Ah ! insensé, qui crois que je ne
> suis pas toi !

Le processus de création dépend ainsi, indéfectiblement, de l'alliance de la rêverie et du sujet aussi présent qu'effacé : il faut rêver, il faut contempler et s'abstraire pour être...

▶ **Le fantastique et le « romantisme noir »**

LE RÈGNE DE L'ÉTRANGE

Hérité du XVIIIe siècle, le fantastique est un genre qui donne à voir un monde animé de principes irrationnels. Pour autant, il se distingue de la fable et du merveilleux, dans lesquels le fait que des animaux ou des objets soient doués de parole, par exemple, ne paraît pas surnaturel au lecteur. Le fantastique propose un monde réaliste dans lequel se produisent des événements étranges (apparitions, fantômes, vampires, animation de la matière, résurrection) qui viennent inquiéter un personnage qui ne sait pas leur trouver d'explication. Le lecteur ne peut pas, lui non plus, connaître la cause de ces phénomènes, et le texte fantastique ne propose pas de lien logique. La subjectivité des points de vue, bien souvent, se trouve être la seule source d'explication.

Pour les romantiques français, plusieurs ouvrages donnent naissance au genre. D'abord, Jacques Cazotte (1719-1792), qui appartient au courant illuministe du XVIIIe siècle, présente dans *Le Diable amoureux* un héros épris d'une belle jeune femme, Biondetta, qui se révèle être une créature maléfique. Mais l'influence essentielle du XVIIIe siècle est surtout le roman noir anglais : *Le Château d'Otrante* (1764) d'Horace Walpole, *Les Mystères d'Udolphe* (1794) d'Ann Radcliffe, *Le Moine* (1796) de Matthew Lewis. Ces œuvres campent un décor de château gothique, dans une nature hostile, qui accentue l'isolement des personnages prisonniers du lieu. Ce versant anglais du fantastique est bien vite éclipsé par l'influence de l'auteur romantique allemand Hoffmann (1776-1822) qui publie des *Nouvelles fantastiques*, bientôt traduites dans toute l'Europe, et qui connaissent un succès énorme dans les années 1830. Dans le mot « fantastique » il faut alors entendre les multiples résonances du mot allemand *Fantasie* : le conte fantastique donne à lire des morceaux fantaisistes, sur le modèle de la fantaisie en musique, mais aussi des images composées à partir de plusieurs réalités, des visions prises dans l'esprit. La fantaisie apparaît comme une fonction mentale, proche de l'imagination. L'analogie et la métaphore sont donc au cœur de la poétique romantique.

LA MONSTRUOSITÉ ROMANTIQUE

Fantastique et romantisme noir influencent autant la jeune génération (Pétrus Borel avec *Madame Putiphar*, Nerval avec *Les Filles du feu*) que les « anciens » (Balzac dans ses premiers romans des années 1820, Hugo dans *Han d'Islande* en 1823). Au-delà, il faut compter avec un grand romantique, proche du pouvoir de Napoléon III, qui publie *Une vieille maîtresse* en 1851 : Jules Barbey d'Aurevilly (1808-1889). À côté de leurs écrits plus « lyriques », les romantiques développent aussi l'inspiration du surnaturel, du monstrueux, et même du sanglant. Certains auteurs, en effet, influencés par un autre écrivain du XVIIIᵉ siècle, Sade, poussent ce goût du fantastique vers l'horrible et le macabre. Le marquis de Sade (1740-1814) a écrit des romans qui décrivent une sexualité débridée, à la fois mécanique et mise en scène, liée aux sévices et aux tortures. En 1800, il continue à écrire mais l'essentiel de son œuvre, celle qui marque les romantiques, est derrière lui. En 1801, il est emprisonné, avant d'être interné jusqu'à sa mort. Interdits, les exemplaires de ses livres circulent néanmoins. Mais plus encore que leur lecture, c'est l'aura sulfureuse de ses œuvres qui influence les romantiques, et enrichit l'arrière-plan de nombreux récits. La littérature romantique offre en abondance des personnages de monstres, vampires, femmes dévoreuses d'hommes, amants épris de cadavres et revenants. Le plaisir de la peur s'appuie sur des jeux d'inversion du monde quotidien : dans le récit fantastique *La Morte amoureuse* (1836) de Théophile Gautier (1811-1872), le prêtre amoureux d'une défunte vit des nuits très agitées, et se retrouve le jour dans un réel désenchanté, qu'il traverse comme dans un songe. La réalité et le rêve échangent leurs propriétés, et leur plénitude. Bien plus sadien dans les thèmes abordés mais d'inspiration philosophique totalement différente de celle du « divin Marquis », le récit pornographique et macabre de Musset, *Gamiani ou Deux Nuits d'excès*, écrit dans ces mêmes années 1830, ira jusqu'à dépeindre, par exemple, les mœurs débauchées d'un couvent où les religieuses s'accouplent avec des pendus. Plus que l'anecdote polissonne, c'est bien davantage le désespoir lié à la démesure fantastique qui anime les personnages, et en particulier la tristesse du narrateur, qui marque le lecteur.

Le cruel, le sanglant, le terrifiant trouvent leur expression la plus variée dans la production littéraire des années 1830, et ce, tant dans le théâtre de boulevard que dans le roman, et surtout dans le roman-feuilleton : né dans les années 1830, il séduit un grand nombre de lecteurs, alors que la presse populaire se développe. Presque tous les romans de cette période ont d'abord paru en feuilleton : se côtoyaient donc des œuvres aujourd'hui considérées comme majeures et le tout-venant des histoires faciles. Alexandre Dumas (1802-1870), dans ses romans historiques, sait tirer parti de cette fascination pour la noirceur. Son sens du pathétique et de la théâtralité met, en effet, en valeur certaines scènes du *Comte de Monte-Cristo* (1844) ou du *Chevalier de Maison-Rouge* (1845). De la même façon, Prosper Mérimée (1803-1870), outre ses nouvelles fantastiques au rang desquelles il faut citer *La Vénus d'Ille* (1837), emploie certains ressorts pathétiques propres au roman noir dans ses nouvelles les plus connues, de *Mateo Falcone* (1829) à *Carmen* (1845). Les premiers romans gothiques de Balzac ont déjà été évoqués, mais la noirceur presque fantastique habite bon nombre de ses œuvres postérieures. Ainsi, dans sa *Comédie humaine*, la plupart des «Études philosophiques» ressortissent au romantisme noir, comme *La Recherche de l'absolu*, récit dans lequel le héros, Balthazar Claës, est une espèce de philosophe de la science hanté par la découverte de «la substance commune à toutes les créations, modifiées par une force unique». Même chez le personnage de Vautrin, dont nous avons dit qu'il était un paria emblématique, demeurent de nombreuses traces de romantisme noir et d'étrangeté fantastique, ne serait-ce que par sa ressemblance métaphorique avec le Méphistophélès du *Faust* (1808) de Goethe (1749-1832), traduit en France par Nerval en 1828. Cette tragédie de Goethe connaît alors un succès énorme et a des résonances très fortes : le peintre Delacroix compose des lithographies sur Faust dès 1827 et le compositeur romantique Berlioz

(1803-1869) commence à créer son opéra *La Damnation de Faust* dès 1828 avant de l'achever en 1846.

De ce romantisme noir, on retiendra essentiellement un goût pour l'étrangeté inquiétante de laquelle naissent une beauté surprenante et paradoxale mais aussi une véritable réflexion sur le lien entre rêve et réalité.

La vie romantique

Loin de se cantonner à l'esthétique, l'esprit romantique touche aussi les mœurs, foyer, là encore, d'une déception. L'espoir que la Révolution allait changer la vie est vite retombé devant la continuité des pouvoirs politiques que ne masquent pas les changements de régime. La période de la Restauration, aussi bien que la monarchie de Juillet, a fait naître un sentiment désabusé en ceux qui ont renoncé à croire en une nouvelle société. Néanmoins, si la vie quotidienne du peuple français ne change pas beaucoup, dans les cercles d'artistes s'élaborent de nouveaux modèles d'existence.

▶ **L'expérience des limites**

Voyages

La solitude du héros qui se retranche loin de la société est perçue comme la possibilité d'accéder à l'univers infiniment plus riche de l'intériorité : l'imagination ouvre à des puissances secrètes et à des révélations d'un ordre supérieur. Le désir de communiquer avec le monde occulte et de laisser parler en soi ses puissances invisibles mène à l'utilisation de différents moyens. Le voyage offre le dépaysement et l'univers fascinant de contrées sauvages. Les romantiques sont épris d'exotisme, comme en témoignent la culture littéraire, par les nombreux textes de voyages en Orient (de Chateaubriand à Nerval), mais aussi la culture populaire, par la mode vestimentaire (réservant les costumes de princes orientaux aux bals d'étudiants, la jeunesse s'habille souvent selon la mode littéraire, en copiant Byron allant soutenir les rebelles grecs avec une barbe et des habits de berger!). Cet «orientalisme» naît de la vogue plus ancienne des *Mille et Une Nuits* traduites par Gallant en 1703, et souvent rééditées. Il s'appuie aussi sur les campagnes de Napoléon en Égypte, rendues célèbres notamment par des tableaux d'Antoine Gros et par les objets ramenés au Louvre, ainsi que par les travaux d'égyptologues qui découvrent la signification des hiéroglyphes.

DROGUES

Les états limites du corps font l'objet d'expériences : l'alcool, le tabac, le café se popularisent, comme en témoigne le *Traité des excitants modernes*, dans lequel Balzac souligne le plaisir qu'ils procurent, ainsi que les risques devant limiter leur consommation. La plupart des écrivains admirent dans les alcools et psychotropes le pouvoir de multiplier l'acuité cérébrale et la créativité. Les artistes se réunissent ainsi pour fumer du haschisch, croyant trouver dans le délire la source de nouvelles créations, mais aussi des révélations sur une vérité cachée au regard. L'Anglais Thomas De Quincey (1785-1859) présente ainsi ses *Confessions d'un mangeur d'opium*, en 1822 – adaptées et relayées en France d'abord par Musset puis plus tard par Baudelaire dans ses fameux *Paradis artificiels*. Ces confessions d'opiomane influencèrent Berlioz pour l'écriture de sa *Symphonie fantastique*, en 1830. De Quincey raconte comment, après avoir cru que l'addiction lui apporterait le génie, il devient dépendant, et se trouve dépossédé de ses désirs et de sa liberté mentale. Mais ce goût des substances hallucinogènes et des états limites provient aussi du plaisir de choquer les bourgeois et l'ordre social, en cherchant à retrouver un état où le corps prime, contre la morale. Ainsi se réunit-on, à Paris, à l'hôtel Pimodan chez Boissard de Boisdenier dans les années 1840, lors de « fantasias », sous le contrôle médical du médecin Moreau de Tours, pour prendre du haschisch : la vogue de cette substance touche aussi bien Théophile Gautier que Balzac. Baudelaire, s'étant libéré de l'esclavage de la drogue, mettra en garde, dans *Les Paradis artificiels*, et notamment la première partie intitulée *Le Poème du Haschisch*, contre les dangers de l'accoutumance à ce « goût de l'infini » en même temps qu'il démontrera les pouvoirs de ces paradis artificiels. Mais attention, l'ivresse géniale et créatrice de visions ne peut pas naître chez tout le monde puisque, dit Baudelaire suivant De Quincey, « un marchand de bœufs ne rêvera que bœufs et pâturages » ; il faut, intrinsèquement, être un artiste :

> Pour idéaliser mon sujet, je dois en concentrer tous les rayons dans un cercle unique, je dois les polariser ; et le cercle tragique où je vais les rassembler sera, comme je l'ai dit, une âme de mon choix, quelque chose d'analogue à ce que le XVIIIe siècle appelait *l'homme sensible*, à ce que l'école romantique nommait *l'homme incompris*, et à ce que les familles et la masse bourgeoise flétrissent généralement de l'épithète d'*original*.

COMMUNAUTÉ

En rejetant les règles classiques de création, les romantiques rejettent aussi l'idée d'un ordre ancien à respecter. Mais de même que l'exotisme offre des modèles d'une vie affranchie du poids de la civilisation, l'Antiquité, qui est écartée avec son ensemble de règles ou de modèles à suivre, est en revanche valorisée comme époque et comme mentalité pré-classique. Ce qui charme les romantiques chez les Grecs anciens, c'est leur propension à exalter leur « esprit enfantin », une vivacité qui va contre l'endormissement et l'esprit compassé des civilisations qui ont suivi. Les romantiques cherchent à retrouver cette énergie qu'ils attribuent aux « peuples primitifs », la forme d'une vérité immanente passée en mythe, ainsi que l'idéal des communautés « naturelles », antérieures à la société moderne. *Atala*, le récit qui sert de pendant à *René*, publié à la même époque, met en scène, dès le début du xixᵉ siècle, un vieil Indien, Chactas, qui fume son calumet tout en racontant son histoire dans un cercle choisi : le sage primitif est d'autant plus sage qu'il s'est converti à une religion chrétienne pure, retournée à son origine en quelque sorte. Son auteur, Chateaubriand, montre la voie d'un idéal entre calumet, religion primitive, communauté et sagesse qui, au-delà de la fiction, animera la jeunesse des années 1830 jusqu'aux années 1970, pour le moins. Alors même qu'ils adoptent une solitude antisociale, les romantiques sont portés par le désir de retrouver une forme de groupe, défini contre l'ordre de la société, les familles d'Ancien Régime et la masse démocratique. Faire groupe contre l'autorité, et pour une nouvelle communauté, idéale, parallèle à la société qu'ils rejettent, tel sera le mot d'ordre des romantiques.

► **La jeunesse**

BALAYER LA POUSSIÈRE

La jeunesse devient une valeur. Dans les textes, mais aussi parfois au théâtre ou dans la rue, les classiques et les hommes d'un certain âge se font traiter de « perruques », parce que la mode de l'Ancien Régime demandait que l'on cache ses vrais cheveux (le naturel étant alors honni) sous des perruques, recouvertes de poudre blanche. Cette poudre devient le synonyme de la « poussière » classique, contre laquelle les romantiques veulent faire parler la poudre des canons, symbole de la révolution esthétique et politique. Contre la vieillesse poudreuse, la jeunesse peut s'unir. Alors même qu'ils revendiquent les droits de l'individu, et la possibilité de libérer la singularité, les romantiques recréent pourtant, ainsi, une sociabilité. Mais elle se fait différemment de celle des cercles d'Ancien Régime. Elle est d'abord marquée par un sentiment de génération : les héros et créateurs romantiques sont souvent des étudiants. Ils se rassemblent pour créer, et parfois constituent un salon d'esthètes autour d'un grand devancier plus âgé qui sert de mentor, comme Charles Nodier recevant à l'Arsenal Balzac, Delacroix, Dumas, Musset, comme Victor Hugo et son « cénacle » de la rue Notre-Dame-des-Champs.

Corruption et décadence

Dans cette perspective générationnelle, les romantiques sont confrontés à de nombreuses critiques ; les partisans de l'esthétique classique leur reprochent de valoriser l'activité de création sans reconnaître la nécessité du savoir-faire, ou du talent, de déclarer belle toute production à partir du moment où elle manifeste un geste de liberté de la part de l'artiste. Les anti-romantiques critiquent surtout le nouveau style. Amour des néologismes et archaïsmes, recherche d'une expression vague dont le sens ne se livre pas directement, intérêt pour les formes complexes : autant de traits que les anti-romantiques attribuent à une pose artiste, une facilité de jeune créateur paresseux faisant de nécessité vertu lorsqu'il transforme son dilettantisme ou son amateurisme en qualité esthétique. En 1825, le journal *Le Masque de fer* présente ainsi le nouveau courant :

> Le romantique naïf, ou si vous l'aimez mieux, le romantique idiot, pleure la mort d'un lézard, et s'extasie sur la destinée d'un puceron ; c'est d'Allemagne que ce genre est venu. Le romantique frénétique vit dans le sang et les larmes, cause

familièrement avec le cauchemar, et compose sur des cadavres ; l'Angleterre est le Parnasse de cette poésie.

Les critiques adressées au romantisme portent sur son origine : il s'agirait d'une « maladie » importée de pays étrangers, l'Allemagne (dont témoigne l'influence de Mme de Staël et ses liens avec Schlegel), mais aussi l'Angleterre et son goût du morbide. Accusé de « corrompre » le goût français, le romantisme est considéré comme une influence, suivie par de jeunes auteurs peu talentueux, et le signe d'une décadence du goût français. En face, les romantiques s'amusent de ces critiques, et les retournent à leur profit. On leur reproche de séduire avec le goût ambiant pour le morbide au lieu d'instruire et d'élever l'âme par la vision du Beau ? Qu'à cela ne tienne, comme le propose Stendhal, ils cherchent à « plaire au peuple dans l'état d'esprit présent », contre l'esthétique classique qui cherchait un beau intemporel, et ne plaçait pas le souci du public au premier rang des critères d'une œuvre réussie. On leur reproche leur sentimentalisme ? C'est qu'on n'a pas perçu la joie féroce qui les anime, et que l'époque a perdu sa capacité d'indignation, son énergie. Ainsi, dans la préface des *Jeunes-France, roman goguenard* (1833), Théophile Gautier, pourtant à la tête de ces Jeunes-France, présente une satire du héros romantique, dont il fait le sujet de ses contes parodiques :

> Mon mérite littéraire est très mince et je suis trop paresseux pour le faire valoir. Je n'ai pas ajouté à mon prénom une désinence en *us*, je n'ai pas échangé mon nom de tailleur et de bottier contre un nom Moyen Âge et sonore. Ni mes vers, ni ma prose, ni moi, n'avons un seul poil de barbe. Aussi beaucoup de gens ne veulent-ils pas croire que je suis réellement un génie, à me voir si bernin, si paterne, si peu insolent, si comme le premier venu, si comme vous ou tout autre.

Si Gautier est ironique avec ces poseurs, c'est qu'au milieu des années 1830, la bohème et les «petits cénacles» sont parfois plus «à la mode» que de vrais lieux de création : le succès du mouvement romantique se mesure à l'aune des parodies qu'il peut susciter.

▶ **Les «petits romantiques»**

SIGNATURE COMMUNE

Ce sentiment de groupe transcende les différences sociales, dans l'idéal de communautés de création, qui annoncent les idéaux des collectifs de créateurs du XXe siècle. Ainsi, certains romantiques des années 1830 ont été appelés les «petits romantiques» (nom que leur donne E. Hasse dans un livre qu'il leur consacre en 1895) parce qu'ils venaient après les pères fondateurs et n'ont pas laissé d'œuvre très connue ou reconnue. Ils se regroupaient pour créer ensemble, entre étudiants et artisans, formant ainsi le premier modèle des avant-gardes communautaires du XXe siècle : leur idéal est de mêler les activités, les genres, les arts, les médias, voire de créer en commun, sans signature individuelle. Ils sont parfois regroupés en salons (chez Nerval en 1834) ou ateliers, parfois épars et unifiés par une étiquette que leur donnent leurs adversaires. Le plus souvent, l'unité d'un groupe provient de sa description critique par ses détracteurs, à l'image du romantisme n'existant comme une école unifiée que dans l'esprit de ses critiques. Ainsi, dans un feuilleton satirique, *Le Figaro* présente en 1831 le groupe des «Jeunes-France» comme un ensemble de jeunes gens habillés de peaux de bête, cherchant à séduire les femmes en leur parlant de la mort, se croyant inspirés et se disant républicains pour choquer le bourgeois. En 1832, le même journal lance l'appellation de «bousingot» qui désigne le chapeau de cuir porté par les rebelles du Havre qui, lors des émeutes, se sont révoltés le 4 août 1830. Un article du 9 février 1832 le présente ainsi :

> Le bousingot ou chapeau ciré existe ordinairement de 18 à 32 ans ; il a encore un an de droit à finir pour retourner dans son pays et changer d'opinion. Il reporte ordinairement le luxe absent de son costume et de ses manières dans l'excroissance de sa barbe et de ses favoris ; il est tout cuir, poil, loutre et républicain.

Mais les romantiques sont les premiers à reprendre à leur compte ces caricatures, pour en jouer. Dans les *Jeunes-France*, encore, Gautier dépeint ces figures romantiques conformistes, comme dans la nouvelle « Daniel Jovard, ou la conversion d'un classique », où le personnage change son nom pour adopter un patronyme médiéval et archaïsant, choisit une tenue négligée et rustre pour choquer, et décide d'écrire un livre sans aucun soin, le tout par souci d'être un vrai romantique, à l'égal de son ami Ferdinand.

UNE LITTÉRATURE COMIQUE ?

Les romantiques désirent aussi mêler la vie et l'art : les fêtes qu'ils donnent sont autant l'occasion de mises en scène, déguisements, créations, que de grandes parades comiques. La blague et l'art se rapprochent dans une atmosphère où la mélancolie s'accompagne d'une ironie qui empêche de prendre au sérieux le sentiment ou l'œuvre elle-même. À quoi croient-ils ? Il serait bien difficile de le dire, et eux-mêmes ne le savent sans doute pas non plus, pris entre l'effervescence et le découragement. Il ne faut donc pas négliger la dimension d'autodérision, de canular et de joie, présente dans le romantisme. Elle a été peu observée, parce que la critique littéraire a gardé en mémoire les définitions du romantisme proposées par ses adversaires, et notamment celles des philosophes comme Hegel, qui reprochaient aux romantiques d'être trop peu concrets. Il y a dans le romantisme une réflexion sur le comique, une conscience des forces du réel, et un implicite politique fort, loin de l'esthétisme. Cette importance du comique prend différentes formes, et suit différents modèles théoriques qui s'appuient sur des conceptions de l'histoire. Ainsi, pour Stendhal et pour Balzac, la quête du comique suit une perspective différente. Dans *La Peau de chagrin*, Balzac écrit en préface : « Nous ne pouvons aujourd'hui que nous moquer. La raillerie est toute la littérature des sociétés expirantes. » Pour lui, le rire marque la fin des croyances et des valeurs solidement représentées par l'Ancien Régime. Au contraire, épris de libéralisme, Stendhal considère, dans *Racine et Shakespeare*, qu'un nouveau comique doit être défini, pour répondre au changement de mentalité contemporain de la révolution. Contre le rire méchant du XVIIIe siècle, rire négatif des philosophes desséchés, Stendhal prône un comique poétique et positif, lié à la capacité de créer. Mais Stendhal est pris lui aussi dans l'idéal d'une plénitude liée à la monarchie : il constate que l'époque est au « rire triste », et que seul l'Ancien Régime savait ce qu'étaient la joie et la singularité, contre le conformisme mortifère du XIXe siècle. Le rire est donc aussi un sujet où se déploient les contradictions du romantisme.

De fait, la joie est indissociable de l'amertume face à la société, à la politique et au cours de l'Histoire. Les deux versants romantiques, le sujet solitaire mélancolique et la fantaisie, sont donc intimement liés. Cette dualité constitue le trait fondamental du romantisme, son esprit même. Mais les éléments sur lesquels s'appuie cette posture, qui la légitiment ou viennent nourrir son développement, varient selon les différentes circonstances historiques, les courants et les époques du romantisme, qui n'est pas un groupe, ni même un mouvement unique, unifié.

à vous...

Dans son essai intitulé *Romanticoco Fantaisie, chimère et mélan-colie* (Vincennes, PUV, 2001), Pierre Laforgue propose de ne pas dissocier l'« école du désenchantement » des grands pro-phètes romantiques en considérant que les marges du roman-tisme constituent peut-être son cœur même :

« Il serait absurde et inepte, sauf à faire une caricature de l'histoire littéraire, d'opérer une distinction entre les mages ou les prophètes et les autres. Bien au contraire, la fantaisie dont Musset, Gautier ou Nodier se réclament, ils l'ont en partage avec Hugo et Balzac, pour ne s'en tenir qu'à eux deux. Car la fantaisie est inscrite au centre du projet romantique, elle n'est pas l'expression d'un dérapage excentrique, en quoi elle désigne les limites du romantisme conçu comme philosophie du sens et de la transcendance. Elle est, pour sa part, la marque du travail d'altération de la réalité et des catégories littéraires que le romantisme ne cesse d'inscrire en lui-même, dans la mesure où, dès le début, le romantisme – que l'on pense en particulier à l'un de ses pères fondateurs, Nodier – a fait de la fantaisie, de l'excentricité fantaisiste, contre les canons classi-ques et néo-classiques, l'un des éléments constitutifs de son projet. »

Vous lirez les deux ouvrages de Paul Bénichou, *Les Mages romantiques* (Paris, Gallimard, 1988) et *L'École du désenchante-ment* (Paris, Gallimard, 1992), et vous mettrez en perspective le propos qui précède.

Tourmente de l'Histoire
et idéologies romantiques

Le XIXe siècle et le romantisme se pensent à travers l'Histoire : les grands écrivains sont de grands historiens. Walter Scott par exemple, l'auteur anglais d'*Ivanhoé*, influence Balzac ou Hugo : on écrit l'histoire des sans-grades, car on s'est rendu compte que l'Histoire n'était pas faite que de grands noms – et les grands historiens deviennent de grands écrivains – Jules Michelet en est un exemple. On distinguera Histoire et histoire : d'un côté l'évolution de l'humanité et les grands événements, de l'autre la science de cette évolution. L'Histoire et l'histoire revêtent une importance capitale dans la vie intellectuelle pour une simple et bonne raison : penser le siècle, penser l'Histoire et penser la société à partir de la Révolution française sont trois démarches qui impliquent une reconsidération du passé et une nouvelle pensée de l'avenir, parce que tout a changé avec la Révolution.

L'écriture de l'Histoire

On trouve l'Histoire dans toutes les formes de littérature, du théâtre avec *Lorenzaccio* d'Alfred de Musset (Florence à la

Renaissance) au roman avec *La Chartreuse de Parme* (l'Italie napo-léonienne) de Stendhal en passant par *Notre-Dame de Paris* (la France à la fin du xvᵉ siècle) de Hugo. Même la poésie se réfléchit dans l'épopée, genre narratif qui procède de l'histoire : on peut penser à *La Légende des siècles* de Victor Hugo, mais aussi aux *Poèmes antiques et modernes* d'Alfred de Vigny. De plus, les roman-tiques esquissent les premières tentatives pour construire une histoire de l'art systématique (notamment la division en Anti-quité, Moyen Âge, classicisme, romantisme). Comme dans le régime de la fiction historique, les historiens romantiques cher-chent essentiellement à écrire l'histoire de ceux qui ne figurent pas dans les histoires officielles, comme le peuple, les femmes, notamment dans *La Sorcière* de Michelet. Cet intérêt pour l'his-toire marque de nombreux champs du savoir : développement de l'archéologie, désir de conservation dans des musées, travaux de restauration de monuments (notamment par Prosper Mérimée).

Dès la fin du xviiiᵉ siècle, on ne peut plus dissocier une nation de sa langue et une œuvre est d'autant plus belle qu'elle s'ac-corde avec le génie humain particulier de son pays. Pour exalter la nation allemande, Herder a, par exemple, pris en compte tous les chants, contes et récits populaires allemands du Moyen Âge. L'intérêt des romantiques pour une littérature originelle, ancrée dans la particularité d'une nation, d'une langue et d'une histoire montre bien que la pensée de l'Histoire imprègne le siècle : en recherchant ce qui constitue le passé, on peut alors mieux com-prendre le présent et envisager l'avenir. Les auteurs romantiques hésitent ainsi souvent entre la nostalgie d'une pureté originelle perdue et la confiance dans un progrès à venir. Cette hésitation, ou contradiction, traduit d'abord le sentiment de déréliction des romantiques : comme Rolla dans le fameux poème éponyme de Musset, ils ont l'impression d'être «venu[s] trop tard dans un monde trop vieux». Mais elle est aussi la marque d'une fascina-tion de la révolution, de ce mouvement inéluctable de l'Histoire. C'est donc bien l'idée de fracture historique qui est au centre de la réflexion romantique de l'Histoire. Tourné vers un passé fantasmatique ou vers un avenir prometteur, l'écrivain romantique n'a de cesse de vivre le présent comme une béance, une brisure qui le marque au plus profond de son être. Qu'il s'engage dans le présent politique afin de penser un avenir meilleur ou qu'il refuse ironiquement de se mêler aux vicissitudes du siècle qu'il analyse pourtant, cet écrivain est inextricablement attaché à l'Histoire.

Le siècle des Révolutions

1789, 1830, 1848 ou même 1871 sont des étapes incontournables dans l'histoire du siècle romantique : elles correspondent aux grandes révolutions qui ont peu à peu mené à l'avènement de la République française telle que nous la connaissons maintenant. Les changements de régime politique se sont en effet succédé à un rythme que la France n'avait jamais connu. C'est pourquoi on parle d'Ancien Régime lorsqu'on évoque la très longue période qui a précédé la Révolution française. L'impression que ces bouleversements laissent dans l'esprit est celle d'une accélération de l'Histoire : Ire République, Empire, Restauration de la monarchie, monarchie constitutionnelle de Juillet, IIe République, second Empire et enfin IIIe République, et tout cela en l'espace de quatre-vingts ans environ, c'est-à-dire la durée d'une vie qui, à l'échelle de l'histoire de l'humanité ou même de la nation française, est dérisoire. Plus que d'une accélération, il faudrait parler d'une concentration des changements politiques, à laquelle la vie littéraire et intellectuelle participe alors très grandement, à moins qu'elle n'en soit un des ferments. Comme l'écrit Musset dans sa *Confession d'un enfant du siècle* :

Toute la maladie du siècle présent vient de deux causes ; le peuple qui a passé par 93 et par 1814 porte au cœur deux blessures. Tout ce qui était n'est plus ; tout ce qui sera n'est plus encore. Ne cherchez pas ailleurs le secret de nos maux.

L'Histoire ou plutôt la béance de l'Histoire – le sentiment de ne pouvoir vivre dans un présent « troué » comme nous l'avons déjà développé dans la perspective précédente, particulièrement en 1830 – explique ainsi quel rapport, non seulement mélancolique et subjectif, mais aussi (et c'est peut-être la même chose) profondément politique, l'écrivain romantique entretient avec la réalité du monde qui l'entoure. Le cycle des révolutions et des changements demeure au cœur des contradictions fécondes du mouvement.

► **Le tremblement de terre de 1789 et 1793**

UN CLIMAT DE VIOLENCE

À la fin du printemps 1789, une révolution parisienne puis nationale trouve un de ses symboles dans la prise de la Bastille le 14 juillet et ôte le pouvoir aux bureaucraties royales du roi Louis XVI, pouvoir qui est alors partagé entre les représentants de l'élite nobiliaire, intellectuelle et bourgeoise. La véritable fin de la monarchie n'a lieu que lors de la prise du palais des Tuileries le 10 août 1792 ; la Iʳᵉ République est alors proclamée au moment où la Nation républicaine se constitue derrière une armée de masse recrutée grâce à la conscription universelle : Valmy, Jemmapes sont autant de victoires des armées révolutionnaires contre l'ennemi venu des monarchies européennes pour secourir l'aristocratie française. Le climat de violence se durcit d'autant plus vers 1793 que les aristocrates se rebellent, principalement dans l'ouest de la France – c'est en partie l'objet des romans de Balzac – *Les*

Chouans (1829) – et de Hugo – *Quatrevingt-Treize* (1873). Tout semble vaciller au moment de ce qu'on a appelé la Terreur : le roi, déjà emprisonné, est guillotiné le 21 janvier 1793. Avec sa tête tombent symboliquement l'Histoire et le monde tels qu'ils étaient connus. La Grande Terreur correspond essentiellement à l'année 1794, avec la dictature jacobine et montagnarde de Robespierre et Saint-Just (caricaturons : les Montagnards sont très radicaux dans leurs positions, les Jacobins pour une République pure sans concession et les Girondins modérés et plus conciliants). Naît alors le mythe du *martyre* de la famille royale et des aristocrates. Il suffit par exemple de lire les premières odes du jeune Hugo vers 1820, alors ultraroyaliste, pour s'en convaincre...

L'ÉCLOSION DE LA BOURGEOISIE

Si on peut parler de « martyrologie », il faut aussi parler du déchirement réel que produit cette mutation politique : l'*Essai sur les révolutions* que Chateaubriand publie à Londres, en exil, en 1797, montre combien cette révolution, à ses yeux injuste, retentit dans le cœur de l'individu comme une perte de tous les repères et le classe parmi les « infortunés ». Toutefois, le plus grand nombre, le peuple, souffre aussi de la tyrannie idéologique des intellectuels qu'on assimile bien vite aux excès des Lumières, là encore mythologie qui aura la vie longue chez les romantiques. Le peuple s'accommode cependant mieux des changements que l'aristocratie et les vit différemment : la suppression du régime seigneurial et des droits féodaux, la disparition du clergé et l'ébranlement de l'Église catholique ou encore le calendrier républicain de 1792 n'occultent pas un des maîtres mots de la proclamation des droits de l'homme et du citoyen : la propriété ! D'un ordre de l'inné, on passe ainsi à un ordre de l'acquis. Dans le peuple se distinguent les bourgeois qui savent profiter de la Révolution, pourtant peu propice à l'épanouissement du commerce et de l'industrie ; ils rachètent les biens confisqués de l'Église, créent des entreprises à partir de peu... Un autre élitisme prend définitivement la place de l'ancien : le capitalisme. Balzac saura construire à partir de la réalité historique ces personnages dont la fortune s'est bâtie dans les troubles de la Révolution : le banquier Nucingen ou le marchand de pâtes Goriot, par exemple. On comprend alors que se rejoignent en certains points les laissés-pour-compte de la Révolution : aristocrates déchus qui ne sauront pas se convertir en bourgeois fortunés au moment du retour et petit peuple aux marges de la société d'argent sont des figures romantiques pas si éloignées l'une de l'autre. René chez Chateaubriand, Raphaël de Valentin chez Balzac ou Gavroche chez Hugo, même combat ? L'idée est séduisante mais il faut nuancer : déclassement politique et déréliction socio-économique ne sont pas exactement la même chose.

La révolution, génératrice de progrès ?

Au fond, la Révolution française fait naître l'ambition du dialogue avec l'Histoire, qui habite l'œuvre de Chateaubriand, de Balzac ou de Hugo. Mais, plus précisément, l'idée même de révolution engendre de nouvelles visions contradictoires de l'histoire. La première tendance voit dans la Révolution la fin d'un monde et un chaos stérile : trouver un sens devient impossible et le « mal du siècle » naît de cette impossibilité à définir une assise et une prise sur l'Histoire. L'autre tendance, plus tardive, envisage le chaos fécond des révolutions et voit dans l'Histoire une marche vers le progrès : cette dernière est ainsi fortement liée à la littérature, comme le montre le vieil Hugo en exil, devenu profondément républicain et progressiste. Il écrit alors *William Shakespeare* (1864), un essai consacré d'abord au génie de Shakespeare mais qui finit par devenir un manifeste-testament dans lequel Hugo affirme la nécessité d'une démocratisation de la littérature :

> Le triple mouvement littéraire, philosophique et social du dix-neuvième siècle, qui est un seul mouvement, n'est autre

chose que le courant de la révolution dans les idées. Ce courant, après avoir entraîné les faits, se continue immense dans les esprits.

Ce mot, 93 *littéraire,* si souvent répété en 1830 contre la littérature contemporaine, n'était pas une insulte autant qu'il voulait l'être. Il était, certes, aussi injuste de l'employer pour caractériser tout le mouvement littéraire qu'il est inique de l'employer pour qualifier toute la révolution politique ; il y a dans ces deux phénomènes autre chose que 93. Mais ce mot, 93 *littéraire,* avait cela de relativement exact qu'il indiquait, confusément mais réellement, l'origine du mouvement littéraire propre à notre époque, tout en essayant de le déshonorer. Ici encore la clairvoyance de la haine était aveugle. Ses barbouillages de boue au front de la vérité sont dorure, lumière et gloire. [...]

Donc, nous, hommes du dix-neuvième siècle, tenons à honneur cette injure : – *Vous êtes* 93.

Mais qu'on ne s'arrête pas là. Nous sommes 89 aussi bien que 93. La Révolution, toute la Révolution, voilà la source de la littérature du dix-neuvième siècle. [...]

La Révolution a forgé le clairon ; le dix-neuvième siècle le sonne.

Ah ! cette affirmation nous convient, et, en vérité, nous ne reculons pas devant elle ; avouons notre gloire, nous sommes des révolutionnaires. Les penseurs de ce temps, les poètes, les écrivains, les historiens, les orateurs, les philosophes, tous, tous, tous, dérivent de la Révolution française. Ils viennent d'elle, et d'elle seule. 89 a démoli la Bastille ; 93 a découronné le Louvre. De 89 est sortie la Délivrance, et de 93 la Victoire. 89 et 93 ; les hommes du dix-neuvième siècle sortent de là. C'est là leur père et leur mère. Ne leur cherchez pas d'autre filiation, d'autre inspiration, d'autre insufflation, d'autre origine. Ils sont les démocrates de l'idée, successeurs des démocrates de l'action. Ils sont les émancipateurs. L'idée Liberté s'est penchée sur leurs berceaux. Ils ont tous sucé cette grande mamelle ; ils ont tous de ce lait dans les entrailles, de cette moelle dans les os, de cette sève dans la volonté, de cette révolte dans la raison, de cette flamme dans l'intelligence. [...]

Les écrivains et les poètes du dix-neuvième siècle ont cette admirable fortune de sortir d'une genèse, d'arriver après une fin de monde, d'accompagner une réapparition de lumière, d'être les organes d'un recommencement. Ceci leur impose des devoirs inconnus à leurs devanciers, des devoirs de réformateurs intentionnels et de civilisateurs directs. Ils ne continuent rien ; ils refont tout. À temps nouveaux, devoirs nouveaux.

La force de ces extraits provient sans nul doute de ce renversement dialectique qui fait de la boue du chaos de 93 un métal précieux, comme Baudelaire fait poétiquement de l'or à partir de la « boue de Paris »... Dans la même perspective, Michelet, qui voit dans l'histoire de France d'abord celle du peuple, écrit ainsi l'*Histoire de la Révolution française* avec le souci, comme il le dit dans sa Préface de 1847, de transmettre l'« esprit de la Révolution » car, pour lui, à ce moment-là, « la France eut conscience d'elle-même ». En célébrant les valeurs révolutionnaires, Michelet entend leur donner une dimension métaphysique et prophétique, car la Révolution esquisse l'avenir de la civilisation.

Dans un cas comme dans l'autre, dans le sens ou le retrait du sens, la littérature devient, à cause de la période révolutionnaire, le lieu de déchiffrement du sens de l'Histoire. Et ce qui pose un problème de sens, précisément, c'est la révolution de juillet 1830 et ses suites.

▶ **1830 : une révolution ?**

Le tournant de juillet 1830 correspond, du point de vue purement institutionnel, à un changement politique majeur. La Restauration s'effondre et avec elle pratiquement la possibilité de voir la monarchie de l'Ancien Régime réapparaître. Mais si le système gouvernemental s'assouplit quelque peu, il n'en demeure pas moins que la société ne voit pas encore évoluer son état. La Restauration de la monarchie après la chute de l'empire en 1815 a vu le retour des Bourbons sur le trône : Louis XVIII puis Charles X. C'est toute une société et ses valeurs héritées de l'Ancien Régime qui resurgissent. La plupart des romans de Balzac mettent en avant ce retour à un ordre ancien : les nobles émigrés reviennent avec Louis XVIII et retrouvent certaines habitudes ; par exemple, les bals, les réunions de salon ou les loges à l'Opéra, lieux de toutes les manigances dans *Illusions perdues*.

GÉNÉRATION FRUSTRÉE

Malgré la Charte qui établit une monarchie de type constitutionnel, le gouvernement est autoritaire et réactionnaire. C'est-à-dire qu'il existe une Chambre des députés élue au suffrage universel, mais seuls ceux qui payent beaucoup d'impôts et ont donc une grosse fortune peuvent voter. De plus, le roi peut dissoudre la Chambre des députés quand il le veut. Les principaux postes politiques, diplomatiques, ecclésiastiques ou militaires importants sont occupés par l'aristocratie et non par la bourgeoisie qui, elle, s'occupe d'argent. Sous la Restauration, naît très nettement le sentiment que l'époque est mesquine, que les valeurs de l'individu – quelle que soit sa classe – qu'on pensait promues sont une illusion. Ainsi prend forme le mythe napoléonien : exilé après la défaite de Waterloo, l'Empereur ou plutôt le symbole héroïque qu'il représente cristallise les aspirations d'une jeune génération frustrée de ne pas avoir pu éprouver sa valeur sur le champ de bataille. Le héros du *Rouge et le Noir*, Julien, conserve pieusement un exemplaire des mémoires de Napoléon, le *Mémorial de Sainte-Hélène*, et enrage de ne pouvoir faire carrière dans l'armée. C'est que la Restauration, sous des dehors réformés, associe toujours plus de valeur à la naissance qu'au mérite individuel. Mais, plus encore, le mythe napoléonien est indispensable pour bien saisir certains enjeux de la littérature romantique, car il introduit la dimension épique, héroïque, dans tout un pan de l'esthétique. La peinture, en particulier, représente les hauts faits de l'Empire, de façon plus ou moins néo-classique comme chez le peintre officiel David ou de façon romantique à bien des égards chez le peintre Géricault. La musique elle-même est fascinée par la geste napoléonienne : la symphonie dite *Héroïque* de Beethoven (1770-1827) en témoigne. Profondément, l'épique est ainsi remotivé par la figure napoléonienne. Mais l'épopée n'est pas toujours heureuse, et l'héroïsme romantique est bien souvent infortuné : un des plus beaux poèmes des *Châtiments* (1853) de Hugo, « L'Expiation », ne montre pas d'emblée le « lion » face au « singe » (Napoléon Ier face à son ignoble neveu qui usurpa le pouvoir en 1851), mais évoque la terrible campagne de Russie de 1812 en construisant une épopée abstraite, une épopée certes napoléonienne, mais en quelque sorte nue, valant pour elle-même :

> Il neigeait. On était vaincu par sa conquête.
> Pour la première fois l'aigle baissait la tête.
> Sombres jours ! l'empereur revenait lentement,
> Laissant derrière lui brûler Moscou fumant.
> Il neigeait. L'âpre hiver fondait en avalanche.

LES TROIS GLORIEUSES

À la veille de 1830, la grandeur impériale n'est donc plus qu'un vieux souvenir, et l'opinion attend quelque chose de grand dans la vie politique et publique française. Ce sera juillet 1830. Dans les dernières années du règne de Charles X, la situation économique de la France est très mauvaise et la bourgeoisie ne voit donc plus pourquoi elle devrait soutenir un régime qui non seulement l'évince, mais encore ne lui assure plus la prospérité. L'équilibre du trône, de l'autel et de l'argent n'est plus. Le peuple, quant à lui, est le premier à souffrir de cette crise, et c'est sur lui que s'appuiera l'opposition bourgeoise et orléaniste (qui soutient le cousin de Charles X, Louis-Philippe d'Orléans, plus libéral et ouvert) pour récupérer la révolution. Lorsque le Premier ministre Polignac décide de supprimer la liberté de la presse et de réduire le nombre d'électeurs en juillet 1830, c'est la révolution. Appelée aussi les «Trois Glorieuses» parce qu'elle s'est déroulée dans les rues les 27, 28 et 29 juillet, cette révolution est d'abord lancée par les étudiants, les ouvriers des imprimeries et les journalistes libéraux rejoints par les vieux soldats de l'Empire et les gardes nationaux. Paris s'embrase aux couleurs du drapeau tricolore, symbole de la République. Ce symbole est très fort, car le drapeau concentre toutes les valeurs politiques nouvelles. C'est sur ce symbole que la monarchie de Juillet s'appuiera pour dire combien les choses ont changé mais, en même temps, cette monarchie de Juillet n'est pas une république... La République appelée par la révolution évoque pour les grands bourgeois les désordres de la Révolution française, et c'est une monarchie plus libérale qui est rapidement instaurée. Des signes de liberté sont conservés : on garde ainsi le drapeau républicain bleu, blanc et rouge, et on appelle Louis-Philippe «roi des Français» et non roi de France pour gommer toute référence à l'Ancien Régime. Malgré tout, la désillusion est profonde : elle est à la mesure de l'espoir que cette révolution a suscité. En effet, le grand combat pour le droit, la liberté et la République a, malgré quelques apparences, échoué car il n'a pas été mené jusqu'au bout. C'est dans une sorte d'entre-deux que se trouvent les Français. Mais toute tentative de véritable réforme politique et sociale reste impossible en dépit du changement de régime. On comprend dès lors comment toute une jeune génération, qui a cru au changement, s'estime flouée. Ce désenchantement engendre à la fois une ironie mélancolique et une réflexion politique engagée. Les romantiques se partagent donc encore une fois dans leur vision de l'Histoire.

Cependant, quelles que soient cette vision et cette appréciation des événements, les romans écrits à cette époque reflètent de façon complexe la révolution de Juillet. Elle n'apparaît jamais, mais est transformée par la fiction : le coup de pistolet que tire Julien Sorel sur Mme de Rênal dans *Le Rouge et le Noir* chez Stendhal ou la fête des fous dans *Notre-Dame de Paris* chez Hugo. Symptomatiquement, cette révolution est toujours décalée dans le temps en littérature : les barricades et insurrections de 1832, vouées à l'échec, qui apparaissent dans *Les Misérables*, publiés trente ans plus tard, suggèrent métaphoriquement les barricades de juillet 1830. Marius et Cosette deviennent un couple bourgeois respectable après ces événements : la jeunesse se range tristement... Ces décalages et métaphores sont importants pour comprendre le rapport qu'entretient la littérature romantique avec l'Histoire : ce qui compte n'est pas l'exactitude des faits et dates, mais la vérité de leur signification. C'est ce que théorise la préface du roman historique d'Alfred de Vigny, *Cinq-Mars*, en 1827. Vigny pose une des questions fondamentales sur le genre du roman historique, et peut-être sur le genre romanesque, la fiction et l'art plus généralement : la réalité des faits vrais, anecdotiques ou historiques, a-t-elle plus de sens, plus de vérité, qu'une réalité transformée par le romancier ou l'artiste ? La vérité de l'œuvre vient de la vérité du choix qu'opère le romancier dans le réel pour le faire accéder à un sens : écrire un roman, c'est donc suggérer une vérité au-delà de la réalité historique.

▶ Après 1848, vie et mort de l'espoir romantique ?

La République sanglante

La monarchie de Juillet est un régime essentiellement bourgeois où le mot d'ordre est : «Enrichissez-vous !» Règnent l'immobilisme social et le conservatisme politique contrebalancé par un dynamisme économique sans précédent qui favorise les possédants. La progression de la bourgeoisie est due à l'accroissement des transports et à l'élargissement du crédit. Le premier chemin de fer date de 1837 et à l'orée des années 1840 débute la première révolution industrielle. Les bourgeois qui maîtrisent déjà la puissance économique du pays sont également les électeurs des députés. La toute-puissance bourgeoise est caricaturée par les romantiques, depuis Balzac dans *La Comédie humaine* jusqu'à Baudelaire en passant par le peintre et dessinateur Daumier. En février 1848, sans heurts violents, le régime de Louis-Philippe tombe : il est remplacé par la IIᵉ République. Lamartine est alors le chantre de cette révolution. Tous les espoirs de démocratisation sociale et politique sont permis. Cependant, les journées de juin 1848 sont atroces et dévoilent le véritable visage de cette république : les grèves et émeutes se terminent dans un bain de sang commandé par le général Cavaignac, et bien des espérances d'utopie sociale s'évanouissent. La volonté de défendre un progrès politique et social anime toutefois l'aile gauche de l'Assemblée nationale : on parle alors de socialisme, mais le souvenir des journées de juin hante les esprits. C'est à cette époque que Hugo s'investit dans la politique et écrit un bon nombre de discours, montrant de plus en plus d'attachement à la République et au progrès. L'espoir meurt véritablement lorsque le neveu de Napoléon, alors président de la République, transforme, sous des prétextes de sécurité, le régime en dictature le 2 décembre 1851. Le second Empire, ridiculisé et honni par Hugo en exil d'abord à Bruxelles puis sur les îles anglo-normandes, est synonyme de censure et signe en quelque sorte le décès du mouvement romantique fait d'hommes changés ou morts : Musset, Mérimée ou Gautier sont proches des sphères du pouvoir, Balzac est mort en 1850, Stendhal en 1842, Chateaubriand en 1848...

Toutefois, comme nous l'avons déjà vu, on ne peut pas dire que le romantisme s'éteigne totalement : Hugo, bien sûr, Baudelaire, Michelet, George Sand continuent d'écrire, mais, plus profondément, l'esprit et l'idéologie romantiques perdurent au point que la Commune de Paris en 1871, utopie révolutionnaire qui accompagne la fin du second Empire et la guerre avec la Prusse, peut être considérée à certains égards comme un moment romantique. Alors, comment concevoir la Ire Internationale qui voit le jour en 1864 ? Même si le peintre Courbet est reconnu par la critique comme un des représentants du réalisme, ne peut-on pas voir son engagement dans la Commune comme romantique ? Même si le journaliste et écrivain Jules Vallès (1832-1885) se moque des larmoyants romantiques, ne peut-on pas lire le récit qu'il fait de la Commune dans *L'Insurgé* (posthume 1886) comme un texte romantique ?

Question sociale et progrès : unions et divisions du romantisme

À partir de 1830 commence l'ère de la grande industrie : le besoin de main-d'œuvre peu qualifiée s'accroît alors de jour en jour. Les campagnes fournissent cette force de travail surexploitée. Les ouvriers d'industrie, les « prolétaires », n'ont de richesse, comme leur nom l'indique, que leurs enfants. Ainsi, l'homme, la femme et les enfants, dès qu'ils ont atteint six ou huit ans, doivent travailler, sinon c'est la misère et l'Assistance publique. Il faut préciser que la journée de travail, en France, pour les entreprises de textile, est de quinze heures (dont deux de pause) et qu'elle est plus longue pour les enfants. Les conditions de logement sont déplorables, les travailleurs des manufactures vivant entassés dans des caves obscures ou dans des greniers, exposés à toutes les rigueurs des saisons.

Dans ces conditions et dans la persistance de la crise économique, de graves crises sociales éclatent. C'est le cas notamment à Lyon à l'automne 1831 : les ouvriers de la soie, les canuts, réclament un salaire minimum et se heurtent au refus de plusieurs patrons au nom de la liberté d'entreprise. Leur insurrection sera réprimée dans le sang par l'armée, donc par le gouvernement. L'agitation sociale est très forte au début des années 1830 et s'ajoute à la rébellion républicaine proprement dite. Car les républicains veulent toujours renverser le roi. C'est ce qu'on appelle le temps des barricades : dans la dernière partie des *Misérables*, Hugo situe l'action, comme on vient de l'évoquer, dans le cadre de l'insurrection parisienne de juin 1832 dans laquelle on voit la conjonction des classes populaires et des classes moyennes (les étudiants). Trente ans après ces événements, au moment où le romancier écrit, il a assez de recul pour montrer que la question de la république et la question sociale se pensent ensemble.

▶ **Être écrivain et penser la société**

L'écrivain vit une situation ambiguë. Le mécénat n'existe presque plus. Sa plume doit le nourrir. Souvent, il vend sa liberté littéraire, comme Théophile Gautier ou Gérard de Nerval, en se faisant journaliste. C'est pourtant à ce moment-là que le poète paraît incarner, relayant la religion, une nouvelle instance sacrée. L'écrivain est donc à la fois sacralisé et maudit. Pour lui, l'alternative est simple : ou il s'adapte à la société bourgeoise et adopte ses codes, ou il décide de se constituer en marge de cette société, contre ou en dehors. Et ce n'est pas parce qu'on écrit des œuvres de fiction que l'on ne pense pas le réel. Le romantisme est un des mouvements littéraires les plus représentatifs des rapports de l'individu et de la collectivité, de ses institutions et de son histoire. Si la fiction déforme la réalité, elle ne tente pas moins d'en dire la « substantifique moelle », comme l'écrivait Rabelais, c'est-à-dire la vérité. Hugo et les autres auteurs romantiques pensent ainsi que l'art a un rôle à jouer dans la société tout comme le réel dans le texte et *vice versa*. **George Sand** (de son vrai nom Aurore Dupin, 1804-1876) est convaincue de cela quand elle publie le prologue de *La Mare au diable* dans la toute jeune *Revue sociale* en 1845, comme, déjà, lorsqu'elle écrit son premier roman en 1832, *Indiana* : pour décrire l'époque politique durant laquelle se déroule l'action (une période calme et modérée vers 1828 avant le durcissement du régime de Charles X), elle la compare précisément à « l'étrange issue de notre dernière révolution » : 1830 n'a donc pas beaucoup changé les choses et la modération n'est pas le fait de George...

La « question sociale » entre pleinement dans les questions politiques autour de ces années 1830. Il faut dire que la misère des « classes laborieuses » jugées aussi « classes dangereuses » suscitait la peur des possédants : des enquêtes sont demandées à des observateurs pour trouver un moyen de calmer ces catégories de population. Cette question concerne de plus en plus de monde. Le poète Lamartine, devenu député, s'adresse ainsi à la Chambre le 13 mai 1834 :

> [La Chambre] se laisse dépasser par la presse, par la pensée publique, par les intérêts mêmes des masses, elle ne s'occupe que de la question politique déjà traversée, tandis que les questions sociales frappent à nos portes. [...] Il faut une force d'impulsion à notre politique : il lui faut un sens social, il faut l'intelligence de ce que la société demande. Elle demande d'abord de la morale et de la lumière, que vous lui donnez avec trop de parcimonie dans votre système trop étroit d'instruction publique...

Au même moment, dans la Préface de *Littérature et philosophie mêlées* (1834), Victor Hugo estime qu'il faut «substituer les questions sociales aux questions politiques». Le poète romantique se sent alors investi d'une mission citoyenne : il a conscience de posséder des vues qui échappent aux politiciens. L'œuvre d'art doit donc être civilisatrice sans pour autant être «utile» : «Il faut que l'art soit son propre but à lui-même et qu'il enseigne, qu'il moralise, qu'il civilise [...] chemin faisant, mais sans se détourner.» Si le romantisme exprime mieux que bien des historiens les bouleversements causés par l'afflux des populations vers l'industrie et vers les villes – et donc la misère –, c'est parce que Sand, Balzac, Hugo sont des observateurs aigus de la société. Ces écrivains ne s'isolent pas dans la contemplation de leur «moi», mais réfléchissent à la situation sociale. Les idéologies sociales se développent également rapidement – on pense au saint-simonisme ou au fouriérisme – et leur influence est parfois frappante chez certains écrivains. Les pensées sociales qui s'expriment dans les journaux donnent un sens à l'Histoire. Ainsi de l'organe du romantisme, *Le Globe*, fondé en 1824 et qui, au début de 1830, s'affiche comme ouvertement politique, sous la houlette de Leroux devenu saint-simonien, menant un double combat : esthétique et politique.

► **Une autre voie pour penser la société ?**

À travers la réflexion sur la «question sociale», la littérature romantique pense ainsi également, et surtout, le malheur et le mal, et mène une réflexion générale sur l'histoire de l'humanité : la première série de *La Légende des siècles* (1859) de Victor Hugo le montre. Mais tous les romantiques ne sont pas d'accord. Théophile Gautier donne un coup de pied dans la fourmilière en 1834, année d'émeutes sanglantes et de question sociale : *Mademoiselle de Maupin* (1835) est assortie d'une préface qui fait grand bruit, car elle prend très nettement position contre l'utilité dans l'art, autrement dit contre une quelconque forme de moralisation de l'art. Pour Gautier, « l'endroit le plus utile d'une maison, ce sont les latrines » ! Autant dire que d'un côté, il y a le beau et l'art, et de l'autre, il y a les « journalistes moraux » et les « critiques utilitaires » : les nouveaux prophètes de la gauche (saint-simoniens utopistes et partisans du catholicisme social) sont renvoyés du côté du libéralisme historique bien-pensant. L'art n'est pas transitif car il est absolu : pas de préoccupations idéologiques ! Dehors, l'histoire des idées. Vive l'art pour l'art ! Ce formalisme et cette défense de l'art inspireront plus tard Baudelaire et Flaubert mais, comme ces derniers, Gautier n'est pas tout à fait hors de la société, du moins son œuvre en témoigne-t-elle métaphoriquement. Cette préface ne doit pas cacher une question qui se pose dans le roman (finalement historique puisqu'il se déroule à la fin du XVIIe siècle) qu'elle précède : l'artiste, sous l'apparence d'Albert dans le roman, est confronté à l'impossibilité de créer, parce qu'il est partagé entre le réel et l'idéal, ayant perdu son accès direct au Mythe, au verbe premier et immédiat. Cette problématique appartient à la modernité d'un Baudelaire encore romantique et signifie simplement que l'époque moderne, résultant de concaténations historiques et sociales, est insupportable : ce malaise « pense » malgré tout la société, parce qu'il dit que le présent « utile » est infécond. Être pessimiste et ne pas s'intéresser au progrès, ce n'est pas ne pas prendre part à l'Histoire. Il y a là aussi, sans doute, un désir de changement, mais en filigrane.

à vous...

FAITES DES RECHERCHES !

Consultez des catalogues de musées ou allez au Louvre et collectez vos remarques concernant les sujets historiques dans la peinture du XIXe siècle. Documentez-vous de façon à repérer exactement à quoi font référence ces tableaux. Comment les événements sont-ils traités ? Pourquoi ?

SUJET DE DISSERTATION GÉNÉRALE

Dans sa Préface à *Mademoiselle de Maupin*, Théophile Gautier déclare :

« Il n'y a de vraiment beau que ce qui ne peut servir à rien ; tout ce qui est utile est laid, car c'est l'expression de quelque besoin, et ceux de l'homme sont ignobles et dégoûtants, comme sa pauvre et infirme nature. »

Analysez et discutez cette idée en vous appuyant sur des exemples précis et commentés.

Questions de genre, questions de renouvellement

L'esthétique romantique

▶ **Le jardin à l'anglaise**

Depuis l'Antiquité et les jardins de Babylone, l'arrangement des jardins est un des beaux-arts : par sa capacité à choisir les types de plantes, leur disposition et leur alliance dans l'espace, le jardinier devient l'égal du peintre. Il le dépasse même puisque son matériau est vivant et qu'il doit composer avec des paramètres importants comme la nature du sol ou celle du climat, mais aussi avec des éléments changeants comme la nature, les saisons, les différentes lumières du jour.

Dans le modèle anglais, le manque de symétrie est d'abord ce qui frappe. Le jardin est composé comme au hasard. De fait, l'absence d'ordre crée un effet de naturel : l'intervention humaine sur le jardin ne doit pas être visible, l'effet consiste à donner l'apparence d'une nature. Aucun principe ne hiérarchise les parties du jardin, son sens n'est pas univoque, et ne repose pas sur un principe d'organisation visible ou unique. Tout doit donner l'apparence de la liberté, et rendre à la nature sa primauté sur le travail humain. L'irrégularité de la nature devient le modèle d'un art improvisé, et d'une matière qui serait animée par des forces autonomes. Pour les romantiques, un vitalisme parcourt le monde et englobe l'individu, et le génie artistique n'en serait que le révélateur. Hugo, par exemple, explique dans sa Préface des *Orientales* (1829) comment l'inspiration de ce recueil poétique lui est venue naturellement, par hasard, « en allant voir coucher le soleil ». Un peu plus loin, il affiche la préférence romantique pour l'architecture médiévale d'une vieille ville espagnole, fantaisie au regard de l'architecture classique de Versailles ou de l'alignement de la rue de Rivoli à Paris : métaphoriquement, la littérature romantique voit dans la fantaisie une libération féconde qui la conduit à se référer au foisonnement médiéval plutôt qu'au cordeau classique : la sinuosité de *Notre-Dame de Paris* plutôt que la ligne droite de l'*Art poétique* de Boileau. Hugo toujours, dans sa Préface aux *Odes et Ballades* de 1826, file la métaphore jardinière en opposant la régularité stérile d'un jardin à la française et l'ordre fécond du génie de la nature car « un Dieu semble vivre en tout », comme un principe naturel d'ordre. Il faut donc savoir choisir :

> Comparez un moment au jardin royal de Versailles, bien nivelé, bien taillé, bien nettoyé, bien ratissé [...] une forêt primitive du Nouveau-Monde avec ses arbres géants, ses hautes herbes, sa végétation profonde, ses mille oiseaux de mille couleurs [...] Choisissez donc du chef-d'œuvre du jardinage ou de l'œuvre de la nature, de ce qui est beau de convention ou de ce qui est beau sans les règles, d'une littérature artificielle ou d'une poésie originale !

Au-delà des principes esthétiques, l'opposition entre jardin à l'anglaise et jardin à la française rejoint la définition générale du romantisme : l'esthétique romantique se définit par opposition avec les règles classiques et le XVIIIᵉ siècle français. L'appellation elle-même oppose deux pays, témoignant du fait que le romantisme comporte aussi un versant nationaliste. Au XVIIIe siècle, les philosophes français ont prétendu combattre l'obscurantisme religieux et apporter à l'Europe les Lumières de la raison, l'universalisme et la liberté. Les philosophes et créateurs romantiques dénoncent cette prétention comme une marque de la vanité française, en même temps qu'ils rejettent l'idée qu'il y aurait une raison universelle, devant tout gouverner : le principe d'ordre de la Nature semble alors préférable à la régulation et la législation de la raison humaine.

► La libération des règles de création

LA VARIÉTÉ À L'INFINI

Pour les classiques, la beauté ne pouvait naître que si l'artiste avait obéi à des règles de création, des principes d'harmonie et de symétrie ; l'œuvre est organisée comme un corps dont les membres seraient soumis à la tête ; elle transmet clairement son sujet, de façon transparente, en respectant les traditions passées, les modèles antiques et l'adéquation du sujet et de la forme. Enfin, elle vise le beau idéal. Celui-ci se compose comme un mélange entre le souci de *mimesis* (représentation de la nature telle qu'elle est) et l'idéalisation de ce qui est. Aussi la nature n'est-elle pas représentée dans sa vie et ses multiples aspects, mais selon un code et des formes précisés par la tradition et les normes du bon goût. Les romantiques refusent ces règles. Ils définissent un nouvel art, qui reposerait sur la variété, le naturel et l'infini. L'œuvre idéale comporterait des parties diverses, mais d'égale valeur, sans qu'aucun principe, si ce n'est un ordre naturel, ne les hiérarchise, pas plus la symétrie que le sens. Pour les romantiques, l'art ne doit pas transmettre un sens, mais une émotion, et, pour cela, laisser ouverte la signification. L'œuvre romantique cherche aussi à provoquer la surprise du public par la nouveauté, l'inachèvement et un désordre apparent.

En récusant les principes de l'art classique, les romantiques ouvrent une ère de liberté esthétique, dont nous héritons aujourd'hui encore dans l'art contemporain : tout sujet peut devenir œuvre, la forme dépend du sujet ou de l'inspiration de l'artiste sans suivre de canons esthétiques, et l'artiste doit faire preuve de son génie en créant quelque chose de nouveau, au lieu de reprendre ce qui existe déjà. Contre des normes figées et universelles de goût, les romantiques proposent que l'art s'adresse à certaines âmes et certains peuples, selon leur goût propre. Ainsi, Stendhal en présentant la querelle entre le romantisme et le classicisme dans *Racine et Shakespeare* (1823-1825) écrit : « Le romantisme est l'art de présenter aux peuples les œuvres littéraires, qui, dans l'état actuel de leurs habitudes et de leurs croyances, sont susceptibles de leur donner le plus de plaisir possible. » Mais lui-même renie ce souci des contemporains lorsqu'il déclare écrire pour être lu « dans cent cinquante ans » : cette contradiction révèle la complexité de l'esthétique romantique. Cherchant à s'affranchir des normes passées, les romantiques considèrent quand même leur époque comme un âge prosaïque, dans lequel il n'y a plus d'âme d'élite, et qu'il faut traverser pour attendre dans l'avenir le retour à un âge d'or de la culture. Cette tension entre le rejet de l'époque et le messianisme (attente d'un avenir utopique) révèle combien les romantiques ont des difficultés à penser un art présent.

En toute subjectivité

Néanmoins, l'affranchissement des contraintes classiques ouvre la possibilité de la nouveauté en art. Ainsi, le souci de l'académisme cède place à la volonté et au regard subjectif de l'artiste : l'œuvre témoigne d'un homme, pas d'une école. L'originalité, qui était autrefois considérée comme choquante, devient le critère du talent, voire du génie. Marcel Proust (1871-1922) ne dira pas autre chose dans *Contre Sainte-Beuve* (1954, publication posthume) :

> En art, il n'y a pas – au moins dans le sens scientifique – d'initiateur, de précurseur. Tout est dans l'individu, chaque individu recommence, pour son compte, la tentative artistique ou littéraire ; et les œuvres de ses prédécesseurs ne constituent pas, comme dans la science, une vérité acquise dont profite celui qui suit. Un écrivain de génie, aujourd'hui, a tout à faire. Il n'est pas beaucoup plus avancé qu'Homère.

Parallèlement, les romantiques se soucient de la réception de leurs œuvres, moins pour chercher à plaire au public de l'époque, que pour parler à l'âme de certains. Ils préfèrent, comme Stendhal, dédicacer leur œuvre aux âmes d'élite (les *happy few*) : cela ne signifie pas que le roman stendhalien s'adresse aux plus riches ou aux plus intelligents, mais à ceux qui seront le plus touchés en le lisant et sauront y percevoir les demi-mots et la pudeur doucement ironique. Ces lecteurs constituent une sorte de petite communauté d'amis qui ne se connaissent pas, reliés par une même compréhension des finesses qui échappent aux âmes grossières, peu attentives aux subtilités du cœur.

Mélange et déterritorialisation

▶ **Franchir les frontières**

La question des genres n'est pas qu'une question de forme : elle implique non seulement une posture esthétique mais plus encore des enjeux idéologiques. L'émergence du sujet (voir Perspective 1) et l'importance de la pensée de l'Histoire (voir

Perspective 4) ne sont pas, en effet, des problématiques étrangères à la revendication de nouvelles formes. On parle traditionnellement de rupture entre classicisme et romantisme précisément en ce sens que le romantisme libérerait ses auteurs du carcan des règles, mais il faut bien avoir à l'esprit que la question n'est pas celle de la liberté purement formelle. Les romantiques ont en effet été formés à l'école de la rhétorique classique et connaissent parfaitement les auteurs grecs et latins qu'ils admirent souvent. Ce qui compte essentiellement dans cette question de la « liberté dans l'art » (la formule est de Hugo), c'est la vision d'un monde complexe que l'art pourrait saisir en prenant ses libertés, c'est-à-dire en transgressant la notion de frontière : il n'y a pas de chasse gardée d'un genre, pas plus qu'il n'y a de sujet approprié à un genre. C'est ce qu'on peut appeler la déterritorialisation des genres, révolution dans la géographie intellectuelle bien plus que révolution de pure forme. Ici, il est nécessaire de s'imaginer un monde dont les représentations seraient socialement codifiées. À tel sujet noble devrait correspondre telle forme noble, à la noblesse la tragédie, au peuple la comédie, par exemple. Or le romantisme pose la question essentielle de la pertinence de telles représentations. Pourquoi est-ce idéologique ? Parce qu'à une esthétique de la conservation du bon goût qui s'affiche comme un privilège de possédants – la noblesse essentiellement mais aussi la bourgeoisie – se substitue une esthétique de la transgression, du mouvement et de la valorisation de tout ce qui est considéré comme bas : c'est la liberté contre le conservatisme.

Dès lors, il faut réfléchir aux circonstances historiques dans lesquelles émerge cette question du mélange, mais aussi voir dans quels domaines génériques cette « liberté dans l'art » fait office de révolution : le théâtre, le roman, la poésie et même l'essai. Chacun de ces domaines est extrêmement poreux : genres et registres s'interpénètrent. Dans la même Préface aux *Odes et Ballades* que celle que nous avons citée plus haut, Hugo pose ainsi de façon résolument moderne le problème :

On entend tous les jours, à propos de productions littéraires, parler de la dignité de tel genre, des convenances de tel autre, des limites de celui-ci, des latitudes de celui-là; la tragédie interdit ce que le roman permet; la chanson tolère ce que l'ode défend, etc. L'auteur de ce livre [c'est-à-dire Hugo lui-même donc] a le malheur de ne rien comprendre à tout cela; il y cherche des choses et n'y voit que des mots; il lui semble que ce qui est réellement beau et vrai, est beau et vrai partout; que ce qui est dramatique dans un roman sera dramatique sur la scène; que ce qui est lyrique dans un couplet sera lyrique dans une strophe; qu'enfin et toujours la seule distinction véritable dans les œuvres de l'esprit est celle du bon ou du mauvais.

▶ **La Préface de *Cromwell* de Victor Hugo et le drame romantique : vers la symbolique bataille d'*Hernani***

MANIFESTE ROMANTIQUE

À côté du *Racine et Shakespeare* de Stendhal, la Préface de *Cromwell* est le plus important manifeste du romantisme en France : elle ose proposer une lecture et une écriture du mélange. Dans les années 1825-1827, on assiste à la revendication d'une forme de transitivité ou de perméabilité entre les trois genres que Hugo a voulu chronologiquement distinguer : le lyrique, l'épique et le drame, la Bible, Homère et Shakespeare sont renvoyés l'un à l'autre et on finit par «trouver de tout dans tout» (Préface de *Cromwell*). À cette précision près que le drame, cet «océan», est plus vaste et plus profond que les deux autres genres : il les englobe plus aisément, parce qu'il est, selon l'image donnée par Hugo, «un coucher de soleil où luttent le jour et la nuit». Il concentre les deux moments de la journée, les deux autres genres.

Il est l'aboutissement des temps modernes. Cette classification chronologique s'affiche donc comme le choix délibéré de la mixité dans l'art, une théorie des lieux de passage et des moments de changement, une esthétique essentiellement transitoire et protéiforme. Hugo s'applique ainsi à montrer le caractère fluctuant de toute frontière littéraire et il propose une histoire culturelle et esthétique où il met en avant, à côté de la culture officielle, la permanence d'une contre-culture populaire, c'est-à-dire celle du grotesque incarné par des personnages comme Polichinelle, Sancho Pança, Sganarelle, Figaro. Le grotesque permet de jouer sur un effet de contraste, en opposition avec le sublime, ce qui est d'une infinie richesse. Parallèlement, Hugo définit une poétique fondée sur le naturel, c'est-à-dire l'abandon d'un vers trop rigide, la recherche d'un lexique plus commun, le renoncement à la règle des trois unités (temps / lieu / action).

LA RÉUNION THÉÂTRALE

La pièce *Hernani* provoque la cristallisation de l'opposition entre les romantiques et les classiques. La guerre que les partisans du classicisme ont déclarée aux romantiques leur fait sentir de plus en plus la nécessité de s'unir, et ils se rendent compte peu à peu que c'est autour des problèmes du théâtre que les romantiques libéraux comme Mérimée ou Sainte-Beuve et les romantiques jusque-là conservateurs comme Hugo ou Vigny peuvent se rejoindre et triompher. Sans doute aussi parce que c'est sur le théâtre que vont se concentrer les attaques de la censure gouvernementale... La conquête du théâtre passe ainsi par le drame historique appelé de tous ses vœux par la revue romantique *Le Globe*; un écrivain s'y écrie en 1825 : « Le goût en France attend son 14 juillet ! » Ce 14 juillet, ce sera *Hernani*. Mais dès avant cette bataille, il faut mentionner l'importance des grands dramaturges étrangers, éloignés ou non dans le temps, depuis Shakespeare jusqu'à Schiller, que les classiques considèrent comme des barbares. Les formes de prédilection du drame romantique sont des formes longues, en trois actes généralement, autant en vers qu'en prose, et dont le sujet est historique : le théâtre romantique a le goût des tableaux et de la dimension collective de l'Histoire. Outre les influences étrangères, il faut retenir celle du mélodrame, ainsi que celle du drame bourgeois de Mercier, Beaumarchais ou Diderot cherchant à rendre la vérité des conditions sociales. Le mélodrame et la pantomime sont les genres rois sous la Révolution, l'Empire et ensuite. Le mélodrame est caractérisé par une grande lisibilité des signes, sur la scène, qui simplifie les jeux de forces en présence dans des intrigues souvent très embrouillées.

Avant *Hernani*, le drame romantique a déjà fait parler de lui : Hugo sait que *Cromwell* est injouable (il y a trop de personnages et de décors différents !). Il tente en vain de faire jouer *Marion Delorme* en 1829 : la censure l'en empêche. La même année, on note le grand succès de *Henri III et sa Cour* du jeune Alexandre Dumas qui réalise alors la « tragédie romantique » rêvée par Stendhal dans son *Racine et Shakespeare* (historique, nationale et en prose), et on voit sur scène une adaptation de l'*Othello* de Shakespeare par Vigny. Enfin, en février 1830 éclate la bataille d'*Hernani*. La cabale des classiques s'est préparée de longue date pendant que Hugo rencontre des difficultés sans nombre : corrections imposées par la censure, hostilité des acteurs, déconvenues avec des soutiens comme Sainte-Beuve ou Vigny. Les classiques lui reprochent entre autres de maltraiter l'alexandrin dès les premiers vers de la pièce avec ce fameux enjambement de « [...] l'escalier / Dérobé [...] ». Cependant, Hugo parvient à réunir une « claque » (claquer, c'est applaudir) romantique qui soutiendra l'effort de guerre et le public, finalement, fera un triomphe à la pièce. Le jeune Théophile Gautier, romantique militant, participe à cette bataille et la raconte dans son *Histoire du romantisme* (1872) :

L'orchestre et le balcon étaient pavés de crânes académiques et classiques. Une rumeur d'orage grondait sourdement dans la salle, il était temps que la toile se levât : on en serait peut-être venu aux mains avant la pièce, tant l'animosité était grande de part et d'autre...

▶ **Après 1830, splendeurs et misères du drame romantique**

Même si la critique continue à lui être hostile, le drame romantique s'épanouit pleinement dans la décennie 1830 avec des succès indéniables : *Lucrèce Borgia* (1833) de Hugo ou *Antony* (1831) de Dumas. Mais la scène et le public ne sont pas faciles et, malgré leur grande réussite esthétique, certains drames connaissent un échec plus ou moins grand : *Ruy Blas* (1838) de Hugo, *Kean* (1836) de Dumas, *Leo Burckart* (1839) de Nerval. Profondément, le théâtre romantique est politique : la censure du *Roi s'amuse* de Hugo en 1832 le prouve. Louis-Philippe, malgré ses promesses de respect de la liberté d'expression, fait interdire la pièce, car on y voit un François Ier ivrogne et surtout parce qu'on voit le bouffon Triboulet devenir le personnage le plus digne et le plus noble de la pièce : l'inversion des valeurs fait partie du carnavalesque que prône la théorie du sublime et du grotesque. Le bas peut devenir haut, scandale politique !

Musset participe à l'expérience théâtrale lorsqu'il a vingt ans : *La Nuit vénitienne* ne plaît pas au public. Pourtant, Musset est un des dramaturges les plus reconnus de la littérature du XIXe siècle... S'il renonce à la scène après 1830, il écrit des « comédies » qui n'en sont pas et qui sont destinées à être lues : *Un spectacle dans un fauteuil* regroupe ainsi plusieurs pièces essentielles comme *Les Caprices de Marianne*. Mais c'est surtout *Lorenzaccio* qu'on retient : il n'est joué qu'à la fin du siècle mais représente la quintessence du drame romantique dans ce qu'il a de plus riche et de plus polysémique. Le malaise du héros Lorenzo exprime non seulement le mal du siècle transposé dans l'Italie de la Renaissance (voir Perspective 2), mais dit encore tout ce que le théâtre a de possibilités, notamment en jouant sur le masque : assez grandement lié au théâtre italien du XVIIIe siècle (Goldoni) et à Shakespeare, le drame romantique selon Musset ressortit à un art total de la scène. Le théâtre romantique tente ainsi de mêler sur la scène ce que l'opéra réclame : lyrisme, poésie, passions, tableaux historiques, noirceur, farce et sublime.

▶ Inventer une poésie reine

La poésie entretient des liens essentiels avec le romantisme. Si l'inspiration est libre, il n'y a pas d'innovation métrique révolutionnaire mises à part quelques acrobaties, comme le poème des « Djinns » dans *Les Orientales* de Hugo, et exceptée la poésie en prose qui naît au sein du romantisme. Pas d'innovation fracassante parce qu'est conservée une fidélité au mètre pair. Mais son utilisation est un peu plus souple avec le tétramètre (césure toujours centrale mais quatre unités avec accent d'intensité sur chacune, très souvent : 3/3/3/3) et le trimètre ou alexandrin ternaire (4/4/4) où la césure à l'hémistiche est amoindrie mais toujours présente : le trimètre donne un relief moins symétrique au vers et accentue l'indépendance de chaque unité. C'est dans l'audace du rejet et de l'enjambement que se manifeste une innovation certaine comme le montrait « l'escalier / Dérobé » d'*Hernani* et comme le résume parfaitement le célèbre vers de « Réponse à un acte d'accusation » dans *Les Contemplations* de Hugo :

J'ai jeté le vers noble aux chiens noirs de la prose

Il s'agit en effet pour Hugo, dans ce poème, non seulement de montrer comment il a « disloqué ce grand niais d'alexandrin », mais aussi de faire voir combien tous les mots ont leur place en poésie puisqu'il a «mis un bonnet rouge au vieux dictionnaire» : autrement dit, le peuple, l'humble, le bas ont droit à la poésie. C'est hugolien et politique, mais c'est aussi l'expression simple d'une génération pour laquelle tout matériau peut devenir poétique.

Dans la poésie, l'image, tout comme l'imagination, est reine : comparaisons, métaphores et oxymores sont tendus à l'extrême. Structurellement, la comparaison anime bien les strophes (ainsi, comme, tel) et la métaphore, dont les écarts sémantiques sont souvent accentués, met en relief des oppositions qui expriment les déchirements et la complexité du monde et du moi. Ce sont les débordements et démesures du moi comme génie, mais c'est aussi une façon de voir la poésie comme «ce qu'il y a d'intime dans tout», selon l'expression du jeune Hugo, ou comme la véritable «synthèse de tout», selon Vigny. Dans une lettre au prince royal de Bavière, le 17 septembre 1839, Vigny, l'auteur des *Destinées*, revient sur ses débuts dans les années 1820 et sur les débuts d'une prétendue école romantique :

> Il fallait bien que chaque poète commençât par se faire une lyre, et qu'il se trouvât quelques hommes jeunes, hardis, pour s'acquitter de cette tâche difficile. Ils ne se connaissaient pas, et chacun d'eux, dans sa solitude, sentit cette nécessité. L'élégie, l'ode, le poème naquirent ensemble sous de nouvelles formes, et leurs voix séparées, bien distinctes, n'eurent point de sons pareils, presque aucune ressemblance. Ce fut là ce qu'on prit pour une école, et ce qu'on nomma romantique, à tout hasard.

Paradoxalement, Vigny voit dans ces années d'effervescence tout à la fois un acte de naissance de l'écriture poétique nouvelle, dite romantique, et une simple appropriation de formes anciennes aboutissant moins à une révolution littéraire qu'à un exercice pour devenir poète, «se faire une lyre», être soi-même. Cette vision de la très récente histoire littéraire par Vigny est donc apparemment bien différente de celle que Hugo exprimera dans les *Contemplations* en affirmant avoir transformé le langage poétique. Apparemment, car au fond il s'agit toujours de voir dans la poésie romantique des années 1820-1830 non pas une rupture évidente et concrète, mais une rupture avec la poésie qui précède – parce que c'est la conception de la poésie qui change. Les différentes stratégies et formes d'écriture – l'élégie lamartinienne, l'ode hugolienne et le poème (épique) – sont donc vues par Vigny comme les germes d'une révolution littéraire dont le but est bien de donner à voir la poésie comme reine. Car la poésie habite partout : aussi bien la prose de Chateaubriand que les romans de Hugo ou le théâtre de Musset.

▶ Donner un sens au roman

Historique, d'éducation, de la fantaisie, social, du moi, le roman, comme on l'a vu dans les autres perspectives, endosse tous les qualificatifs possibles : le xixe siècle est le siècle du roman. Mais qu'est-ce qui fait la spécificité du roman romantique ? Peut-être est-ce d'abord la poésie qui habite le roman, qui s'appuie sur la bassesse initiale du genre (le roman, pour les classiques, est un genre non noble) parvenant à rendre sublime ce qui ne l'est pas a priori. Peut-être aussi la pensée que la fiction est la plus à même de dire la vérité : ce paradoxe apparent s'explique très bien dans la fameuse Préface de Vigny à son roman inexactement historique *Cinq-Mars* (1826) : pour saisir le sens de l'Histoire, de la réalité et de la société, il faut passer par sa mise en fiction. On l'a vu : pour dire 1830, il faut le décaler dans le temps ou l'« anamorphoser » en investissant d'un sens particulier certains événements de la fiction. Tout cela parce que le roman porte en lui ce qu'on pourrait appeler une pensée ou une idée qui ne cherche pas à se démontrer, mais qui attire l'attention critique du lecteur sur elle. Pour ce faire, une des particularités du roman romantique réside dans l'intervention du narrateur, dans les pauses du récit, dans ses commentaires. Hugo, Stendhal et Balzac en sont les spécialistes. Classiquement, les auteurs restent relativement discrets dans le roman, laissant la place à une narration neutre. Vraisemblance et bon goût l'exigent. Cette attitude change véritablement au moment du romantisme. Les métalepses (le récit s'interrompt pour mettre en scène le narrateur ou le lecteur) étaient déjà présentes au xviie siècle – comme dans *Le Roman comique* de Scarron – et on les retrouve au xviiie siècle chez bon nombre d'auteurs dont la veine est comique. Au xixe siècle, elles sont d'abord présentes dans les « récits excentriques » comme ceux de Nodier (*Histoire du Roi de Bohême et de ses sept châteaux*, par exemple), puis peu à peu dans tous les styles de récit. Vigny en use dans *Cinq-Mars*, Gautier dans ses premiers romans. La métalepse est présente chez tous les petits romantiques comme chez beaucoup de grands, comme on vient de le voir. Admirateur de Sterne et de Diderot, Stendhal doit beaucoup au xviiie siècle pour son style romanesque, mais il y a cependant une différence entre l'utilisation de la métalepse au xviiie et au xixe siècle. Dans les romans du xviiie siècle, en effet, les auteurs utilisent la métalepse pour offrir une représentation de la réalité comme si se produisait un dédoublement de la personnalité de l'auteur, c'est-à-dire un recul de sa foi par rapport à ce qu'il avance. Au xixe, au contraire, ce n'est plus seulement un « effet de réel » ou un effet de vraisemblance, mais il s'agit vraiment de déconstruire l'illusion romanesque, de mettre en pièces les éléments formels en usant du *je*. Sous cet aspect a priori ludique ou digressif se cache la remise en cause de l'ordre social. Il n'est pas anodin que la plupart des romans stendhaliens et balzaciens calquent leur modèle sur celui du traditionnel roman picaresque devenu roman d'éducation : le roman est critique.

à vous...

METTEZ EN SCÈNE !

Lisez *Hernani* et essayez d'imaginer les difficultés de mise en scène. Faites de même avec le drame *Cromwell* : que remarquez-vous ?

SUJET D'EXPOSÉ

Jacques Rancière, dans un article intitulé « Y a-t-il un concept du romantisme ? », recueilli dans *Modernité et romantisme* (textes réunis par Isabelle Bour, Éric Dayre et Patrick Née, Honoré Champion, 2001), propose cette définition :

« La poétique romantique se définit d'abord par ce qu'elle nie. Seulement, ce qu'elle nie, ce n'est pas le classicisme, concept qu'elle invente au contraire. Ce qu'elle nie, c'est la poétique de la représentation, telle qu'elle se fondait dans une tradition remontant à la *Poétique* d'Aristote et qu'elle s'est codifiée au XVIIIᵉ siècle dans les grands traités du type des ouvrages de Batteux ou La Harpe ou mise en œuvre dans les *Commentaires* de Voltaire. »

À travers divers textes romantiques, et en particulier des drames romantiques, vous montrerez en quoi la question de la représentation et de la vraisemblance est problématique.

POUR PROLONGER LA RÉFLEXION

Dans un article intitulé « Victor Hugo poète romantique ou le droit à la parole » (revue *Romantisme*, n° 60, *Hugo-siècle*, CDU Sedes, 1988), le critique Guy Rosa, après avoir rappelé que la Révolution avait permis à l'individu de se substituer aux anciens sujets sociaux (Dieu, le roi, l'Église, la famille...), propose d'envisager l'âge romantique de l'écrivain comme le passage de l'artisan au créateur et pose ainsi que le romantisme correspond à « une appropriation de la parole par l'auteur dans l'accession de ce dernier au statut de sujet, et de sujet dernier, de son discours ». Plus loin, en montrant comment la réalité des faits s'efface devant celle du texte, il expose ainsi la contradiction de l'écriture hugolienne :

« Au bout de la logique de l'irréalisme hugolien, l'antagonisme inévitable entre la parole absolue d'un sujet et la réalité provisoire du monde ne peut que s'achever en contradiction dans l'œuvre contrainte de dire la surréalité à laquelle elle participe dans le langage du réel auquel elle s'affronte. La résultante de cette antinomie est le texte lui-même, qui s'écrit dans la tension de ses contraires et y puise son énergie agissante. L'oxymore peut à bon droit être considéré comme l'outil privilégié de l'heuristique hugolienne, l'antithèse ne serait que celui d'une rhétorique. »

En lisant Hugo – roman, théâtre et poésie –, vous réfléchirez à la place du sujet écrivant et plus particulièrement à son rapport au texte et à la réalité en vous appuyant sur le propos que vous venez de lire. Vous vous demanderez également comment les questions de genre, de registres et de style participent de ce rapport.

Un mouvement européen

Il n'est pas possible d'étudier le romantisme français sans l'inscrire dans le mouvement européen : non seulement tous les pays européens sont marqués par des courants romantiques, mais le romantisme est, dans ses fondements, une pensée qui refuse les frontières et se nourrit des échanges.

Cosmopolitisme et nationalisme

Deux tendances contradictoires se développent dans le romantisme : d'une part, le mouvement d'émancipation des peuples des années 1820-1830 témoigne en Europe de l'importance des nationalismes qui s'appuient sur des théories romantiques du génie national, d'autre part, l'idéal universaliste du XVIIIe siècle n'a pas disparu, mais il s'exprime par d'autres formes que celles des Lumières rejetées par l'idéalisme romantique.

▶ Le génie des peuples

Alors que les Lumières ont déjà été un mouvement européen, les romantiques tendent à le présenter comme un mouvement français, et à le critiquer comme tel : en brandissant l'idéal de la raison sous la forme d'un universel, les philosophes français auraient imposé au monde leur vision, et leur nationalisme. Mais les rapports entre les différents romantismes nationaux et la France sont complexes. En effet, la Révolution, qui marque pour les peuples européens un espoir de reconnaissance et de fondation nationale dans les révoltes des années 1820-1830, est à nouveau un exemple qui provient de la France, comme si les revendications émancipatrices suivaient encore un modèle étranger. De plus, du côté de la contre-révolution aussi, des Français sont engagés et se trouvent liés aux mouvements européens monarchistes. Enfin, les conquêtes napoléoniennes ont provoqué des guerres, des occupations et la rancœur des pays occupés ou pillés, mais elles ont néanmoins l'image d'une figure héroïque, qui sert de figure exemplaire du conquérant et du grand homme. Ainsi, le philosophe allemand Hegel voit en Napoléon l'esprit de l'Histoire, cet individu qui accomplit un destin historique supérieur à ce dont il a lui-même conscience.

Sans observer tous les courants du point de vue français, d'autant plus que le romantisme est plus tardif en France que dans d'autres pays européens, il reste que la définition des nationalismes romantiques repose sur un héritage français refusé ou retravaillé. L'influence des philosophes du XVIIIe siècle se marque aussi dans les idées qui guident les revendications nationales. Les romantiques reprennent (notamment à Montesquieu) l'idée qu'à certains types de climats et de nature correspondent des types d'hommes. Se met alors en place une géographie fantasmée, qui comporte essentiellement deux pôles : le Nord et le

Sud. Pour Mme de Staël, les frères Schlegel, Sismondi, Chateaubriand, Stendhal, les peuples du Sud sont dotés d'une humeur farouche, qui a donné naissance à des héros devenus modèles du romantisme, comme Don Quichotte. Mais, avec le développement des arts au nord de l'Europe, la civilisation des pays du Nord révélerait sa supériorité : désormais, un art de la tempérance, de la force contenue dans la froideur apparente serait en train de naître. Contre l'Espagne et l'Italie, ancienne terre des arts, c'est désormais l'Allemagne et la Grande-Bretagne qui sont considérées comme les lieux de naissance de l'art à venir. On le voit, une telle construction de l'Europe repose sur des fantasmes qui définissent ce qu'est le génie d'un artiste, selon les natures d'hommes, et qui déterminent ce qu'est le génie de chaque peuple, et son rôle, passé ou à venir, dans l'histoire du développement de l'esprit.

POUR UNE IDENTITÉ LIBÉRÉE

Les nationalismes européens s'appuient sur l'idée que le génie propre à chaque peuple est lié à sa langue et à sa vision du monde, comme le proposent les philosophes Herder et Humboldt. Puisque chaque peuple pense différemment, il faut refuser l'idée d'universel et chercher à définir un nouveau cadre politique, un État, qui donnerait forme à la communauté nationale existant déjà dans la culture nationale. Dans cette perspective s'inscrivent deux tentatives romantiques. D'abord, les entreprises de conservation du patrimoine culturel national, qu'il s'agisse de protéger les monuments, de construire le fantasme d'ancêtres glorieux ou de transcrire par écrit le folklore et les légendes populaires orales : l'idée est de retrouver le fond d'une culture. Le peuple est considéré comme le gardien d'une sagesse ancestrale, qui n'aurait pas été corrompue par la civilisation et la raison, et offrirait la poésie à l'état pur. Tel est le rôle du mythe : censé offrir une sagesse prérationnelle, il porte en lui le sens plein, qui n'a pas été dévoyé dans l'explication et le développement discursif ou logique. Ensuite, ce souci ouvre la recherche d'une nouvelle histoire littéraire qui s'appuie sur le fantasme d'un âge d'or de la culture nationale et la définition d'un fond propre au peuple, afin de retrouver une identité moderne libérée. Un des exemples les plus souvent cités du fantasme d'une culture nationale authentique et sensible est celui du poète Ossian, héros et barde écossais légendaire du IIIe siècle dont on aurait retrouvé un ancien poème épique écrit en gaélique et qu'on aurait traduit et publié à Londres en 1761. En réalité, ce long poème, *Fingal* du nom du guerrier dont Ossian chanterait les exploits, est l'œuvre d'un certain James Macpherson (1736-1796), qui a feint de traduire ce qu'il avait lui-même inventé. Traduite en France assez rapidement, son œuvre suscita un enthousiasme conséquent, et Chénier, Chateaubriand, Mme de Staël, Napoléon lui-même, puis Lamartine et Stendhal se laissèrent prendre au piège de cette mystification. On y trouvait une poésie populaire liée à une mythologie millénaire dont on avait besoin. Les peintres Girodet, Gros ou Ingres représenteront ce poète mythique. Mythique parce qu'il serait le symbole d'une unité passée : on peut en effet considérer que pour les romantiques, le mythe et la légende sont des développements narratifs du symbole.

Pour fertiles qu'elles soient sur le plan poétique, ces tentatives de retour à un génie national sont néanmoins politiquement dangereuses : non seulement elles impliquent la définition de ce qui est le propre des peuples, et leur hiérarchisation, mais elles impliquent aussi que chaque romantisme national croit incarner le véritable fond de la culture européenne, ou à tout le moins la chance de son avenir. On voit bien là ce qui a pu offrir des germes et des appuis aux théories racistes de la fin du XIXe siècle et du XXe siècle.

► **Un nouvel universel ?**

Le souci d'Europe existe depuis longtemps, mais il prend un nouveau tournant avec les mouvements romantiques. Le propre de l'Europe ne serait pas la raison, comme le pensaient les Lumières, mais la culture. Au centre de l'idéal européen serait le livre, le désir de conserver le patrimoine littéraire, mais aussi l'inspiration de religions révélées, et principalement, pour la plupart des romantiques, la Bible.

Les romantismes nationaux pensent l'Europe comme une communauté de culture religieuse, et, pour la plupart d'entre eux, chrétienne. Ainsi, Novalis dans *La Chrétienté ou l'Europe* définit une Europe liée à l'idéal du Saint-Empire germanique restauré. La « germanité » serait l'avenir de l'Europe... Toutefois, il ne s'agit que d'un versant du romantisme : celui-ci comporte aussi une part d'idéal humaniste. Si l'influence romantique dans les idéologies racistes qui ont marqué le monde moderne est indéniable, il faut néanmoins mesurer combien les romantiques ont aussi ouvert la possibilité d'une pensée de la liberté, une réflexion sur l'humanité, la nature et la fraternité, qui pourra également servir à résister contre les théories machinistes, anti-humanistes et inégalitaires qui ont mené l'Europe à la catastrophe.

Enfin, la variété des romantismes interdit de les unifier dans une même condamnation : non seulement un texte prend différentes résonances selon l'époque à laquelle il est lu, mais les auteurs eux-mêmes ont parfois évolué (F. Schlegel était initialement un fervent partisan de la Révolution française et du modèle républicain), et, à l'intérieur d'une même œuvre, il n'est pas rare de voir des contradictions qui empêchent de figer la position politique présentée : l'ironie qui tient ouverte l'interprétation éloigne la littérature romantique du dogmatisme théorique, qu'on y voie une lâcheté ou la richesse de la littérature.

Le désir d'une culture européenne constituée n'est pas l'apanage des nationalistes. Le romantisme propose la valorisation de la différence (fût-ce au prix de sa «définition») et l'utopie d'une communauté spirituelle traversant les distinctions pour réunir des esprits frères par-delà toutes les déterminations d'origine, de nationalité ou de culture. En effet, les romantiques pensent leur époque comme un temps qui a perdu la sociabilité d'Ancien Régime. Puisqu'il n'y a plus de cercles ou de sociabilité établie, l'œuvre littéraire serait le seul lieu de partage possible, un point de réunion en ces temps d'individualisme. La littérature est donc à la fois un enjeu politique, puisqu'elle offre les éléments constituant le socle qui doit servir à penser le génie national propre, et un lieu d'utopie égalitaire, puisqu'elle doit compenser l'absence de fraternité et de communauté par la réunion qu'elle permet à travers l'espace et le temps. La littérature devient le lieu d'un nouvel idéal d'universel.

▶ L'Europe dans les faits

MME DE STAËL ET L'ALLEMAGNE

L'idéal de communauté secrète s'accompagne de pratiques bien concrètes qui poursuivent les échanges européens nés du cosmopolitisme des Lumières. Correspondances, salons, alliances familiales, réseaux politiques des siècles classiques sont certes modifiés depuis la Révolution, mais ils se poursuivent. Ainsi, à Coppet, Mme de Staël reçoit des intellectuels de toute l'Europe. Elle-même fait connaître le romantisme allemand aux lecteurs francophones par son ouvrage *De l'Allemagne* (1810). Il s'agit pour elle de proposer l'Allemagne en exemple à la France. Mais ce livre témoigne d'un malentendu. Mme de Staël appelle essentiellement romantisme allemand la génération antérieure, celle de Goethe et de Schiller, et réserve une place plus limitée aux jeunes auteurs, comme les frères Schlegel ou Novalis, qu'elle présente surtout comme une génération de critiques, et que nous désignons aujourd'hui comme le « premier romantisme allemand ». Ce malentendu pourrait étonner puisque Mme de Staël a écrit en discutant avec W. Schlegel, son ami, et que sa propre cousine traduira en 1813 le *Cours de littérature dramatique* du même auteur. Mais Mme de Staël, comme tout passeur, présente son sujet par le prisme de sa propre conception de la littérature. Ainsi, elle souligne peu la quête d'ironie et l'interrogation inquiète sur l'infini de la littérature, pour accentuer la dimension d'enthousiasme et d'amour dans les œuvres allemandes, idée qui lui tient d'autant plus à cœur qu'elle s'inscrit dans sa conception politique (libérale) et religieuse (protestante) militante. Sans échapper à la déformation induite par les biais adoptés, une certaine part de la production littéraire et des idées étrangères circule néanmoins en Europe, et traverse la France. De plus, même les facteurs politiques qui auraient pu interrompre ces échanges ont finalement contribué à les enrichir. Ainsi, l'émigration des nobles exilés leur a permis de découvrir la littérature étrangère, et, une fois votée en France la loi d'amnistie et de retour en 1800 et 1802, ils ont partagé avec leurs concitoyens ces inspirations étrangères, la découverte intime d'autres mœurs, d'autres sociétés et d'autres littératures.

ÉCHANGES LITTÉRAIRES

Ce mouvement, cependant, est loin d'être général. La connaissance des langues étrangères est encore peu répandue, et la pratique des traductions reste encore très marquée par le souci d'adaptation au goût national, ce qui déforme les chefs-d'œuvre étrangers. Néanmoins, de nombreuses œuvres étrangères traversent les frontières et sont reconnues dans toute l'Europe. Quelques revues rendent compte de l'actualité intellectuelle et artistique hors de France, ainsi qu'un certain nombre de professeurs qui occupent des chaires de philosophie ou de littératures. Le grand public peut aussi découvrir certaines œuvres lors de tournées de troupes étrangères. En 1822, Stendhal est initié aux finesses du jeu d'acteurs anglais lorsqu'il voit une troupe londonienne interpréter Shakespeare au Théâtre de la Porte Saint-Martin. La pièce est chahutée par le public, et Stendhal en conçoit d'autant plus vivement le désir de faire connaître cet art comique anglais, et de s'interroger sur l'illusion dramatique, ce qui le pousse à écrire son ouvrage *Racine et Shakespeare*. Il y développe l'idée que Shakespeare offre aux romantiques le modèle d'une œuvre s'adressant au public national de son temps. Par contraste, les œuvres détachées de leur époque, comme celles de Racine, paraissent démodées. Cinq ans plus tard, en 1827, le succès est au contraire complet pour la troupe anglaise menée par l'acteur Kean, qui se transforme en idole du public, et deviendra même le héros d'un drame de Dumas père, *Kean, ou Désordre et génie* en 1836. Dans la décennie des années 1820, les œuvres de Shakespeare commencent aussi à être traduites de façon plus méthodique, Guizot révisant à partir de 1821 la traduction proposée en 1776 et 1783 par Letourneur.

Enfin, les grandes villes européennes restent des lieux d'échanges culturels. Paris ne fait pas exception, qui accueille certains «exilés». Le cas de Heinrich Heine (1797-1856), qui se fait appeler «Henri Heine», est particulièrement révélateur. Arrivé en France en 1831, il y reste jusqu'à sa mort en 1856. Il a choisi de vivre à Paris à cause de ses idéaux républicains, et est venu observer l'expérience politique française juste après la révolution de Juillet. À partir de 1835, il se voit interdit de retour en Prusse. Il adopte alors une posture paradoxale d'apatride : d'un côté il envoie en Allemagne des articles consacrés à la France, de l'autre il publie en France des chroniques consacrées à son pays. Sorte d'«agent double», il manie aussi la dualité dans son écriture : l'ironie empêche parfois de savoir ce qu'il pense vraiment de situations, d'œuvres ou d'événements qu'il feint de critiquer ou de louer.

Des romantismes nationaux

▶ Le romantisme anglais

Aucun auteur anglais de la fin du xviiie et du début du xixe siècle ne revendique l'étiquette de «romantique». Dans les faits, les auteurs de cette époque sont inspirés par les «pré-romantiques» français, et par les romantiques allemands. Ainsi, Coleridge et Wordsworth font le voyage en Allemagne pour rencontrer Schlegel, et la théorie de l'imagination proposée par Coleridge est influencée par celle des philosophes allemands. Toutefois, leur écriture s'inspire aussi d'une tradition anglaise encore antérieure. En effet, les auteurs anglais offrent les premières œuvres dont se réclameront les romantiques. Ainsi, John Milton (1608-1674), dans le poème épique *Le Paradis perdu*, raconte l'histoire de la chute de l'homme. Chateaubriand en propose une traduction en 1836. En 1745, Edward Young (1683-1765) a fait paraître les *Nuits*. Traduite en français par Letourneur dès 1769, puis retraduite en 1812 par Blanche, cette œuvre offre le premier modèle de la mélancolie aux romantiques. On pourrait évoquer à nouveau Ossian. Celui-ci est considéré comme l'«Homère du Nord» par Mme de Staël et par toute l'Europe, parce qu'il aurait composé la plus ancienne œuvre littéraire anglaise. Les romantiques anglais y voient le fond de la culture nationale, à laquelle ils vont puiser un style, une saveur archaïque et des motifs. La mystification révèle surtout combien l'oralité est un des éléments centraux du romantisme : l'écriture doit suivre le modèle de la parole venue du fond des âges et garante d'une présence pleine.

Parmi les «romantiques anglais», arrêtons-nous sur quelques poètes : Blake (1757-1827), artisan graveur à Londres, Coleridge (1772-1834), Wordsworth (1770-1850). Ces deux derniers publient ensemble les *Ballades lyriques* en 1798, et leur préface de 1801 semble proposer l'art poétique du romantisme anglais : ils s'y érigent contre le langage poétique, au profit d'un langage quotidien. Cette recherche de la simplicité n'est pas seulement née de l'idéal populaire, elle rejoint leur conception d'une poésie qui serait expérience du monde. Cherchant à se laver le regard des habitudes qui émoussent la perception du monde, le poète doit rendre compte de son expérience phénoménologique. Ainsi, dans *Le Prélude*, commencé en 1798, fini en 1805, publié de façon posthume en 1850, Wordsworth présente la formation du poète. Dans la première partie, consacrée à son enfance, il décrit des expériences de la nature, dans des pages magnifiques qui font part des sensations du vent sur la peau lorsqu'on patine sur un lac gelé, décrivent l'ombre des falaises sur l'eau et évoquent les baignades dans la rivière aux cailloux chatoyant sous l'eau : autant de descriptions physiques, bien loin du lyrisme ampoulé que l'on prête au romantisme. Puis après avoir raconté son expérience de la Révolution française, le poète raconte son installation dans la région des Lacs dans le nord de l'Angleterre. Le choix de cette résidence a fait appeler ce groupe de poètes les «Lakistes», les poètes du lac. Sainte-Beuve les fera découvrir en France.

À la seconde génération appartiennent John Keats (1795-1821), Percy Shelley (1792-1822) et sa femme, Mary Shelley (1797-1851) auteur du célèbre *Frankenstein ou le Prométhée moderne*, en 1818. Elle y décrit comment un médecin, Frankenstein, nouveau Prométhée rebelle à l'ordre du monde, fabrique une créature à partir de fragments de corps réunis les uns aux autres. Le monstre se révèle finalement humain par la conscience de son anormalité et il se venge de celui qui l'a créé. D'autres femmes connaissent alors un certain succès, comme la romancière Jane Austen (1775-1817) sans vraiment relever de ce courant romantique, ou, plus tard, Emily Brontë (1818-1848) dont *Les Hauts de Hurlevent* paraissent en 1847 mais restent marqués par l'atmosphère romantique. De son côté, Walter Scott (1771-1832) connaît un très grand succès. Ses romans historiques *Waverley* (1814), *Ivanhoé* (1819), sont rapidement traduits en de nombreuses langues. Ils offrent aux romanciers européens le modèle du pitto-resque et d'une écriture de l'histoire qui laisse place aux individus, contre l'événement et les « grands » de la geste héroïque.

Enfin, dans l'anglomanie qui submerge l'Europe, et particuliè-rement la France dans les années 1820, lord Byron (1788-1824) constitue une figure centrale, demeurée à l'écart du groupe des Lakistes, mais très connue de ses contemporains. Dans le *Pèleri-nage de Childe Harold*, en 1812, il présente les errances d'un héros évidemment mélancolique, qui observe le monde avec un regard désabusé. Ce parcours traverse toute l'Europe : la péninsule Ibé-rique, les îles grecques, l'Albanie, l'Europe du Nord. En 1824, Byron meurt en Grèce où il s'était rendu pour aider les patriotes se rebellant contre l'occupant ottoman et ses soutiens monarchi-ques, notamment autrichiens.

▶ **Le romantisme allemand**

Il est marqué par trois « générations » qui n'existent comme telles que pour le regard unificateur des historiens de la littérature ! En effet, dès le premier représentant, le qualificatif de « romantique » pose problème : Goethe (1749-1832) critiquait le romantisme comme une maladie de l'âme et de l'art. Pourtant, ses œuvres et ses héros constituent l'inspiration de tous les mouvements romantiques européens et connaissent un immense succès auprès des lecteurs de tout le continent. Avant le succès et les nom-breuses traductions de sa pièce *Faust* qui met en scène la division du désir entre pouvoir et savoir, *Les Souffrances du jeune Werther* imposent déjà Goethe comme un portraitiste de la mélancolie (le suicide de son héros aurait influencé de nombreux suicides chez de jeunes lecteurs), un conteur puisant aux sources populaires, et un moraliste inspiré par le spectacle de la nature. Avec ses contem-porains Herder et Schiller, il appartenait à ce que les critiques appellent le « Sturm und Drang », nom d'une pièce de Klinger traduite par «Tempête et passion». Avec Lessing (1729-1781) et Schiller (1759-1805), Goethe est considéré par les générations suivantes comme un père fondateur pour différentes générations et différents pays, à l'égal de Rousseau qui influence non seulement les Français, mais aussi les auteurs allemands.

On appelle «premier romantisme» ou «école d'Iéna» un groupe d'auteurs, qui se retrouvent à Iéna autour des années 1800 et fondent une revue en commun, *Athenäum*. Ce sont à la fois des philosophes et des écrivains. Ainsi, les frères Schlegel, August Wilhelm (1767-1845) et Friedrich (1772-1829). Le premier étudie l'histoire littéraire et la linguistique comparée, propose des études de la culture indienne et du sanskrit, et en même temps, il traduit Shakespeare et Calderón. Son frère est un philosophe, qui écrit de nombreuses œuvres, tantôt achevées sous forme de dialogues ou de traités, tantôt sous forme de fragments, ainsi qu'un roman, *Lucinde*. Leur désir est de fondre littérature et philosophie. Mais là où les romantiques français peuvent, en préface de leurs œuvres, proclamer que le roman est le concurrent de la philosophie, les romantiques allemands cherchent à défaire la distinction des genres. Leur ambition s'inscrit dans une réflexion plus large sur la notion même d'œuvre d'art. Valorisant l'œuvre inachevée, contradictoire ou fragmentaire, ils pensent que toute œuvre est parfaite en ce qu'elle existe par elle-même, mais que chacune n'est qu'une portion de ce que peut être l'art tout entier, pris comme un absolu. Ils sont influencés par la philosophie de la nature de Schelling (1775-1854) et la conception du sujet proposée par Fichte (1762-1814). Leur ami, le poète Novalis (1772-1801), présente dans ses *Hymnes à la nuit* une méditation magnifique, en six parties, mêlant prose et poésie. Inversant la valeur du jour et de la nuit, et ainsi le symbole des Lumières, de l'*Aufklärung* qui, selon lui, a désenchanté un monde qu'il faut «romantiser», il ouvre l'exploration du monde intérieur comme infini créateur. Ces auteurs recherchent chacun sous un nom différent un point d'équilibre entre adhésion à l'art ou à la vie et distance critique : l'humour, le comique romantique, l'ironie sont autant de termes qui désignent pour eux l'équilibre atteint par une posture existentielle et une œuvre d'art sachant concilier les contraires et ne pas se perdre dans une seule direction. L'essentiel est de laisser tout ouvert pour libérer les potentialités de l'art et créer une œuvre infinie, que chacun à chaque époque pourra recevoir différemment sans en épuiser le contenu ni la force.

Enfin, la génération suivante parfois appelée «romantisme de Heidelberg» est marquée par Arnim et Brentano. Aux côtés des formes dramatiques se développe alors un intérêt pour les formes narratives brèves et folkloriques, de Tieck, de Brentano, des frères Grimm et d'Hoffmann (1776-1822) : leurs contes transcrivent des légendes populaires retravaillées avec humour, souvent fantastiques ou inquiétantes aussi. En marge de ces groupes et «générations», le poète Hölderlin (1770-1843) propose une poétique de la nostalgie liée à l'idéal de la Grèce antique et à la conscience que «les dieux sont morts».

▶ **Les romantismes de l'éveil national**

En Italie, en Grèce, en Pologne, le romantisme est lié aux mouvements des peuples. La littérature accompagne ce mouvement, et devient un enjeu des débats politiques, notamment par l'interrogation sur l'unité de la langue, déjà présente pour les romantiques allemands : faut-il recréer une langue qui permette au pays de s'unir contre les patois propres à chacun des petits royaumes qui constituaient la forme de l'état monarchique ? En ce cas, l'invention démocratique nouvelle risque de ne pas être accessible à tous, et de transformer la langue en une nouvelle langue morte. La solution serait d'utiliser la langue parlée, mais c'est aussi celle qui varie le plus d'une région à l'autre. À l'inverse, si l'on privilégie des formes de la langue qui proviennent de la littérature, le fonds commun du partage culturel n'est accessible qu'à une élite de let-

trés et l'unité se fait alors aux dépens du peuple. De plus, la définition de nouvelles formes engage une prise de distance par rapport
aux puissances régnantes : contre la littérature des pays oppres-
seurs, l'Autriche, la France ou la Russie, les États cherchent des
formes, des figures, ou des mythes propres, notamment en puisant dans leur tradition historique, le fonds des légendes locales,
par exemple. Mais un autre danger se profile alors : ne risque-t-on
pas de retrouver la rigide imitation de l'Antiquité ? vaut-il mieux
imiter un pays moderne et démocratique voisin, comme la France,
ou le fonds propre mais lié à une histoire politique rejetée et à une
esthétique de la norme et du canon idéal ?

En Pologne, des soulèvements contre le pouvoir russe, autrichien et prussien marquent les années 1830-1840. De même, la
Grèce se rebelle contre l'occupation turque dès 1821, avant de
devenir indépendante en 1832 : l'hymne national grec est l'*Hymne
à la liberté* du romantique Dionýsios Solomós en 1823. Émancipation politique et romantisme littéraire vont de pair. Toutefois, la
situation est plus complexe. Ainsi, tous les romantiques ne sont
pas du côté des révolutions : certains prônent un ordre ancien,
catholique ou monarchiste. À l'inverse, des révolutionnaires
libéraux considèrent le romantisme comme le dévoiement d'une
tradition nationale qui serait une nouvelle fois soumise aux
influences étrangères.

L'Italie offre un exemple particulièrement intéressant de ces
contrastes. Elle connaît dans la première moitié du xixᵉ siècle des
bouleversements politiques : à l'occupation napoléonienne succède le pouvoir autrichien, et éclatent alors les révoltes des *carbo-
nari* (rebelles libéraux) voulant soulever les différents royaumes
morcelant la péninsule italienne contre l'occupant. Le *Risorgi-
mento* (Renaissance) est un mouvement politique qui s'appuie
sur l'idéal romantique d'une littérature et d'une langue réinventées, unifiées, et libérées de l'influence étrangère. Mais le partage
n'est pas simple. Certains auteurs sont politiquement conservateurs et définissent le romantisme comme le moyen de faire

revenir l'Italie à sa gloire passée, de rajeunir l'idéal antique, contre le modèle français ou allemand. La querelle sur le fonds littéraire national en témoigne. Le 1er janvier 1816, paraît un article de Mme de Staël traduit en italien dans un journal tenu par le pouvoir autrichien, la *Biblioteca Italiana* : elle conseille aux Italiens de traduire la littérature étrangère pour suppléer à la pauvreté de leur littérature nationale. Scandale ! on insulte la patrie ! Leopardi (1798-1837) considère que le génie italien est autonome car il est, en Europe, le plus proche des modèles grec et romain. Il valorise une culture aristocratique, poursuivant les cercles choisis des anciens temps. Mais sa critique de la raison a des échos proches de certains romantiques : contradictions fertiles ! Du côté du roman national, Manzoni (1785-1873) dans *Les Fiancés* raconte l'histoire d'un couple d'amoureux du XVIIe siècle empêché de se marier par le caprice du notable local. Manzoni inscrit le récit amoureux dans un climat social fort, sur fond d'épidémie de choléra et de misère populaire. Giono s'en souviendra dans *Le Hussard sur le toit...* Foscolo dans les *Dernières Lettres de Jacopo Ortis* présente les confidences épistolaires d'un jeune Italien déçu par son pays, son siècle, et son héros, Napoléon. Vivant une histoire d'amour malheureux, il rappelle le Werther de Goethe ainsi que les héros de Rousseau.

Aux États-Unis, le romantisme est évidemment plus tardif qu'en Angleterre. Il pourrait être représenté par Edgar Allan Poe (1809-1849), poète et auteur d'*Histoires extraordinaires* dans la veine fantastique – son œuvre est traduite par Baudelaire –, par Nathaniel Hawthorne (1804-1864) qui décrit dans ses récits une atmosphère puritaine teintée de merveilleux et de contrainte sociale, ou par Fenimore Cooper dont *Le Dernier des Mohicans* s'inspire de Walter Scott et de Rousseau pour proposer une méditation sur l'état de nature et les ravages de la civilisation. L'écriture de la nature influence aussi Emerson, Thoreau, et plus tard Whitman, ouvrant une tradition durable de la littérature outre-Atlantique.

L'idéal de la littérature universelle

Les différents romantismes sont nés d'individualités, de régimes politiques, de situations sociales et d'héritages culturels propres à chaque pays et à chaque époque. Mais, sans effacer la richesse de leurs différences, on peut considérer certains points d'interrogation sur lesquels ils se retrouvent, même si leur sont données ensuite des réponses variées.

► L'idéal de la littérature mondiale

Goethe a proposé l'idéal d'une littérature qui serait le trésor partagé de tous les peuples, un lieu de fraternité au-dessus des différences de pensée et de langue. Son idéal de *Weltliteratur* est passé à la postérité dans différentes traductions, comme en France l'idée de « littérature universelle ». Naît aussi le désir de chercher les points communs entre différentes langues comme entre différentes littératures nationales : se constituent alors les fondements de la littérature comparée, qui étudie des thèmes, des figures ou des idées (en rapprochant des œuvres de la même époque mais de pays différents ou en étudiant la façon dont elles évoluent sur la longue durée), ou plus généralement qui relie les différents arts ou cherche à cerner la pensée propre à la littérature.

Dans les faits, une communauté littéraire existe : Stendhal découvre le terme même de romantisme, et se convertit à cette idée en lisant les comptes rendus que la revue britannique *Edinburgh Review* consacre aux débats romantiques anglais et allemands, mais il participe aussi aux discussions italiennes sur la formation d'une langue nationale unifiée en faisant publier des articles en italien. Il se vit donc comme un citoyen de l'Europe des Lettres. De même, Friedrich Schlegel et Novalis s'enthousiasment pour la Révolution française, qui leur inspire des pages lyriques avant de les décevoir, comme Wordsworth et Coleridge. Ces derniers font d'ailleurs des voyages en Europe continentale, en France, mais aussi en Allemagne pour rencontrer les romantiques allemands.

Enfin, vécue depuis des côtés différents selon les nationalismes ou les opinions politiques, l'histoire européenne constitue un point de rencontre de tous les romantismes. Au fur et à mesure que le souvenir des dissensions nationales, conquêtes, guerres et occupations s'éloigne, reste le souvenir commun. Ou l'avenir commun : Hugo parle ainsi d'une naissance future des «États-Unis d'Europe». Néanmoins, n'allons pas imaginer une opinion publique européenne unie dès cette époque : pour le grand public, comme pour les théoriciens, le nationalisme reste un réflexe premier, malgré la pénétration d'éléments européens dans les mœurs et dans les imaginaires. Reste que les mêmes événements sont sources d'inspiration, d'élan ou de désillusion : la révolution, la Terreur, les conquêtes napoléoniennes, les «printemps des peuples». Si la conscience d'un destin commun est souvent occultée, le même événement, écrit de façon variée, est un lieu de comparaison et de dialogue entre les différentes littératures romantiques qu'il inspire.

Plus largement, derrière l'histoire, c'est bien la référence à l'Antiquité et au patrimoine culturel européen qui est utilisée dans tous ces romantismes.

▸ **La communauté des références**

Les ancêtres littéraires célébrés par les romantiques sont identiques dans tous les pays : Cervantès, Calderón, Shakespeare, Sterne, Rousseau, Diderot. La ligne des prédécesseurs est la même, et devient une sorte de fonds commun de la culture européenne, née du romantisme. Ce partage des références offre l'image d'une communauté virtuelle des œuvres et des auteurs, dialoguant à travers les âges et les langues, dans un même espace imaginaire. Ce mélange s'exprime par exemple dans le cas de Diderot : modèle de l'écriture fantaisiste et de la quête du naturel individuel pour les romanciers romantiques, il invoque lui-même le modèle de Sterne, qui invoquait déjà Rabelais. De plus, son œuvre, *Le Neveu de Rameau*, n'est transmise en France en 1805 que par la traduction faite par Goethe ! Qu'y a-t-il de français ou d'allemand dans ces œuvres nées d'échanges et de reprises successives ? La littérature romantique est le lieu d'une fusion des territoires, et, finalement, d'une « dé-nationalisation » des références.

Les références communes sont aussi des époques qui sont définies dans une histoire culturelle (dont le caractère fictionnel et romantique est aujourd'hui oublié) : le Moyen Âge, la Renaissance, mais aussi l'Antiquité sont perçus comme des périodes qui doivent offrir des exemples à renouveler pour innover en retrouvant l'essentiel. Se définit aussi une géographie fantasmée de la beauté, partagée par toute l'Europe. Si chaque pays tend à redéfinir l'histoire et l'histoire esthétique selon son désir de chercher des racines ou des inspirations aux enjeux politiques et nationalistes du moment, certaines conceptions culturelles sont néanmoins partagées. L'influence des traités esthétiques que Winckelmann consacre à l'Antiquité explique en partie cet engouement, qui n'est cependant pas nouveau. Ainsi, l'Italie figurait au programme du « grand tour » d'Europe que devaient faire les jeunes nobles d'Ancien Régime. L'Italie comme la Grèce deviennent des lieux d'errance pour créateurs, esthètes, et penseurs. L'Italie est alors le lieu de l'inspiration et de la réflexion sur le destin de la civilisation. Stendhal écrit ses *Promenades dans Rome* (1819) de même que Goethe écrit son *Voyage en Italie* (1813) et celui-ci lit avec intérêt les divers écrits italiens de celui-là. À la fin du siècle, Nietzsche sera aussi influencé par la lecture des *Promenades dans Rome* faite dans sa jeunesse lorsqu'il réfléchira à l'absence de fonds de la culture européenne du XIXe siècle, et particulièrement romantique.

Pour le grand public aussi est mise au jour une certaine communauté d'esprit. Des modes unissent les courants de la jeunesse, comme les cercles littéraires : l'«anglomanie», le byronisme et la vogue populaire des romans de Walter Scott, auxquels succède la mode des contes d'Hoffmann. Ces exemples sont repris par les auteurs français, grands et populaires. De plus, le roman-feuilleton, les spectacles, participent à la façon dont se répandent les modes littéraires, et leur irrigation dans la société française, et européenne en général. L'essor des journaux contribue à cette unification des goûts, au moment même où chaque pays, et chaque groupe, voire chaque auteur, défend le droit à s'auto-définir contre les principes universalisants et les modèles extérieurs.

Cette synthèse des cultures en est encore à l'état naissant, mais elle constitue un apport indéniable du romantisme à la conception moderne de la culture. Celle-ci est aussi marquée par deux idéaux romantiques, la fusion des arts et l'œuvre d'art totale. Si peu d'artistes mettent en pratique ces idéaux et si peu de genres ou formes nouvelles sont inventés pour les concrétiser, l'idéal unitaire se trouve néanmoins réalisé dans des lieux de création, à la fois salons, utopies et îlots de singularité. Ainsi, à Nohant, la romancière George Sand (1804-1876) offre un exemple de vie littéraire singulière. Séparée de son mari, elle s'affranchit des codes imposés aux femmes de l'époque, par exemple en s'habillant en homme et en fumant la pipe, ou en affichant ses amours mouvementées avec Musset. Son œuvre évolue au fil du temps, depuis la rébellion féminine, le thème rural, jusqu'à des idéaux de société utopique, proches du socialisme. Elle réunit chez elle des créateurs de tous les arts, littérature, peinture et musique, Balzac, Delacroix, Liszt, Chopin, Berlioz, Flaubert... dont les œuvres mêlent motifs et thèmes littéraires, musicaux et picturaux à défaut d'en fusionner les formes.

► Une vision du monde

Derrière cette variété, la référence à un passé commun fantasmé, si «nationalisé» soit-il par chaque pays, sert d'arrière-plan à une même conception du monde : une vision de l'histoire oscillant entre traumatisme de la rupture et répétition éternelle des secousses dénuées de sens, la critique d'une époque prosaïque, la quête d'un fonds culturel et le désir de refondre la culture par une langue restaurée, un comique redéfini et des formes littéraires réinventées. La dénonciation d'une crise de la culture s'accompagne tantôt d'élaborations de solutions utopiques, tantôt de constats sur le tournant anthropologique marquant l'entrée dans une nouvelle ère, qui ouvre la pensée de la modernité. Ces constats s'appuient sur l'idée qu'un nouvel être est né de la Révolution, indéfinissable et sans fonds propre. Doté d'une identité indéfinissable, ce nouvel esprit offre aussi à l'exploration l'infini de son intériorité, héritage qui sera repris à la fin du siècle par le père de la psychanalyse, Sigmund Freud, puis par les romanciers de la conscience.

à vous...

FAITES DES RECHERCHES, OBSERVEZ ET ÉCOUTEZ

Regardez la captation d'une mise en scène du cycle des opéras de la *Tétralogie* de Wagner et comparez l'univers musical et visuel wagnérien avec la représentation du *Songe d'Ossian* par Ingres. Quels points communs pouvez-vous observer ? La musique vous semble-t-elle en harmonie avec l'aspect épique et onirique, légendaire, de l'intrigue de la *Tétralogie* aussi bien que du *Songe d'Ossian* ? En quoi ?

Le romantisme en héritage

Où s'arrête le romantisme ? La plupart des historiens de la littérature considèrent 1848 comme une date clé, qui marque le dernier espoir révolutionnaire, suivi de la dernière désillusion. Après cette date, la littérature entrerait dans l'ère du réalisme et du naturalisme. Si l'on peut discuter l'étiquette historique et ses limites dans le temps, il reste que certains auteurs ont eu très nettement conscience de vivre la fin d'un mouvement esthétique. Pourtant, symbolistes et surréalistes ont réactualisé ses intuitions. Il semble que ces courants aient retrouvé des éléments romantiques au-delà même de leur désir de faire revivre ces idées, œuvres et auteurs du passé. Aussi, c'est à n'en pas douter un versant immense de notre modernité qui est influencé par le romantisme. Celui-ci nous a légué une conception de l'art dont nous ne percevons plus le caractère romantique tant elle s'est imposée comme l'unique modèle.

Acmé et parodie du romantisme : Flaubert et Baudelaire

▶ **Baudelaire ou l'essence raffinée du romantisme**

Baudelaire reconnaît qu'avec le romantisme s'ouvre l'idée anti-classique d'un art adressé au présent, et dans lequel la forme ne serait pas l'habit d'une idée mais une essence autonome. Le poète poursuit aussi l'idéal métaphysique du romantisme. L'idéal du poème « Les Correspondances » dans *Les Fleurs du mal* n'est-il pas romantique ?

Trouver un lien entre le visible et l'invisible, imaginer un ordre secret auquel le poète seul peut accéder, concevoir une nature allégorique organisée comme le sanctuaire du sens sont des rêves romantiques. L'opposition même entre spleen et idéal appartient à la pensée métaphysique et binaire des romantiques. Mais Baudelaire s'en éloigne par son goût de la décadence, du décrépit, le rejet de ce qui pourrait être un vitalisme traversant le monde, au profit de l'artifice et du citadin.

Toutefois, on pourrait, dans une lecture rétrospective ou bau-delairienne du romantisme, analyser la présence de ces motifs urbains et cette vision du réel dans les œuvres romantiques, esquisses d'une modernité littéraire qui influencera un autre poète, Apollinaire.

▶ **Ambiguïtés de Flaubert**

Baudelaire et Flaubert sont des exemples limites particulière-ment intéressants, car ils s'inscrivent dans la continuité de l'es-thétique romantique, et en même temps qu'elle s'éloigne dans le temps, elle trouve avec eux sa formulation comme courant achevé vu sous un regard rétrospectif, ou comme une relecture ironique.

Ainsi, Flaubert dans *Madame Bovary* présente une héroïne pétrie de rêves romantiques, ou du moins de la version populaire de l'idéalisme inextinguible qui marque le romantisme. Emma rêve d'une autre existence, qui serait marquée par la mise en scène de l'émotion amoureuse, dans des décors précieux. L'adultère lui ouvre ce rêve d'un deuxième monde possible, mais la double vie se révèle aussi prosaïque et vide que la première. Flaubert donne à voir le néant de la réalité et des rêves qui cherchent à en imaginer une autre. Il n'y a que ce monde, dans sa bêtise. Mais l'autodérision du roman, par rapport à la croyance aux histoires romanesques, est aussi douce que cruelle. Flaubert retrouve la position double des romantiques qui associent le sentiment et son observation lucide, l'enthousiasme et l'ironie, l'idéalisme et le pessimisme. Dans *L'Éducation sentimentale*, Flaubert poursuit ce travail de relecture parodique : Frédéric Moreau est le type même du héros romantique, comme le présente l'*incipit* du roman :

> Le 15 septembre 1840, vers six heures du matin, la *Ville de Montereau*, près de partir, fumait à gros tourbillons devant le quai Saint-Bernard.
>
> Des gens arrivaient hors d'haleine ; des barriques, des câbles, des cordages, des corbeilles de linge gênaient la circulation ; les matelots ne répondaient à personne ; on se heurtait ; les colis montaient entre les deux tambours, et le tapage s'absorbait dans le bruissement de la vapeur, qui, s'échappant par des plaques de tôle, enveloppait tout d'une nuée blanchâtre, tandis que la cloche, à l'avant, tintait sans discontinuer.
>
> Enfin, le navire partit ; et les deux berges, peuplées de magasins, de chantiers et d'usines, filèrent comme deux larges rubans que l'on déroule.

Un jeune homme de dix-huit ans, à longs cheveux et qui tenait un album sous son bras, restait auprès du gouvernail, immobile. À travers le brouillard, il contemplait des clochers, des édifices dont il ne savait pas les noms; puis il embrassa dans un dernier coup d'œil, l'île Saint-Louis, la Cité, Notre-Dame; et bientôt, Paris disparaissant, il poussa un grand soupir.

M. Frédéric Moreau, nouvellement reçu bachelier, s'en retournait à Nogent-sur-Seine, où il devait languir pendant deux mois, avant d'aller *faire son droit*. Sa mère, avec la somme indispensable, l'avait envoyé au Havre voir un oncle, dont elle espérait, pour lui, l'héritage; il en était revenu la veille seulement; et il se dédommageait de ne pouvoir séjourner dans la capitale, en regagnant sa province par la route la plus longue.

Le tumulte s'apaisait; tous avaient pris leur place; quelques-uns, debout, se chauffaient autour de la machine et la cheminée crachait avec un râle lent et rythmique son panache de fumée noire; des gouttelettes de rosée coulaient sur les cuivres; le pont tremblait sous une petite vibration intérieure, et les deux roues, tournant rapidement, battaient l'eau.

Ce texte présente un mélange de deux esthétiques. En *incipit* du roman, Flaubert joue avec les codes romanesques : présentation du personnage et du moment, brouillage de l'*incipit* par les temporalités complexes de l'histoire d'argent qui a précédé, caricature de la « machine romanesque » comme ces rouages qui tournent désormais à vide. Tel cet énorme bateau, le roman est prêt à emporter son lecteur, mais à l'idéal de l'aventure est ici substituée la satire d'un mécanisme ordonné et ronflant, comme le ronron du roman ou le filet d'eau tiède du style romanesque. Plus précisément, Flaubert raille les clichés romantiques : le jeune étudiant, le livre, le désir de la capitale contre la province.

Dans la suite du roman, le parcours et l'évolution psychologique du personnage reflètent une critique du romantisme : Frédéric Moreau croit à un destin glorieux, mais, comme ceux de sa génération, il rate le tournant de l'Histoire, passant à côté de l'événement. En conclusion du roman, son ami Deslauriers et lui-même se remémorent leur jeunesse enfuie, et particulièrement un événement : une visite dans une maison de passes ! « C'est là ce que nous avons eu de meilleur ! » Le lecteur est renvoyé à un élément qui est antérieur à ce que le récit vient de lui présenter, comme si le meilleur se dérobait toujours avant en ce temps où le sens est toujours absent. Mais, de plus, il s'agit d'une raillerie de la mélancolie romantique elle-même, puisque la nostalgie touche un élément bien peu héroïque.

En confiant dans une lettre à Louise Colet, le 16 janvier 1852, son désir d'écrire « un livre sur rien, un livre sans attache extérieure, qui se tiendrait de lui-même par la force interne de son style », Flaubert conjoint à son intérêt pour la nullité moderne certains enjeux esthétiques propres au romantisme. Il rejoint notamment l'idéal d'un langage sans référent, autosuffisant, et construisant l'œuvre comme une matière opaque, sans sens extérieur à sa forme.

Enfin, la reprise parodique du romantisme ouvre chez Flaubert à de nouveaux horizons. L'*incipit* de *L'Éducation sentimentale* offre, en plus des effets ironiques du style indirect libre, un brouillage du code esthétique qui témoigne de l'adieu au romantisme, mais aussi de l'hésitation entre deux nouvelles esthétiques encore en germe. Ainsi, les deux paragraphes consacrés à la foule proposent l'esquisse d'une description réaliste mêlée de notations « impressionnistes ». Le romantisme trouve là son prolongement dans deux directions, réalisme et symbolisme.

Redécouverte du romantisme : symbolistes et surréalistes

► **Symbolisme**

Plus encore que des sentiments (la nostalgie, la mélancolie), des thèmes (la ville) ou même une forme de pensée (la métaphysique, l'idéalisme ou l'autodérision), le romantisme a apporté une nouvelle façon de considérer les pouvoirs du langage, de l'esprit et ceux du poète. Le langage contient en lui une énergie dont le poète joue, et retrouve la force première, parce qu'il peut figurer les contraires. L'image poétique est formée de la rencontre de deux éléments distants ou opposés qui ont l'énergie de créer une nouvelle réalité, ou d'annuler les forces antérieures pour ouvrir la liberté d'imaginer autre chose en celui qui reçoit l'image.

Le premier versant de cette pensée, la capacité expressive et idéale de l'image, constitue la pensée symbolique du romantisme, qui sera une inspiration essentielle pour les symbolistes. De fait, les historiens de la littérature considèrent que le romantisme n'a été reconnu en France, et surtout le romantisme allemand, que dans la seconde moitié du XIXe siècle, avec les symbolistes. De même que les romantiques créent contre l'univers mécanisé des Lumières, les symbolistes inscrivent leur poétique en réaction au réalisme et au positivisme scientifique de leur époque.

Ils cherchent un langage atteignant un autre niveau de réalité, langage à la fois transparent et libéré du prosaïsme de la référence. Cette quête poursuit l'idéal romantique d'une langue capable d'atteindre l'énergie première du monde. La place du symbole dans le romantisme témoigne d'ailleurs du renversement que les romantiques ont déjà ouvert dans la conception du langage. Pour les classiques, le langage était un outil de communication entre deux esprits, une forme transparente qui ne pouvait être que superficiellement ornée de figures. Les romantiques proposent deux renversements. Premièrement, le langage devient le récepteur d'une vérité supérieure à tout entendement, et qui ne se transmet que par le détour. L'opacité du langage va paradoxalement de pair avec l'idéal d'une plénitude du sens présente dans la langue. Le symbole serait alors le lieu même où peut se déposer le sens plein, protégé des regards et du prosaïsme de la langue habituelle, prêt à être déployé pour un esprit subtil et mûr pour la révélation. Deuxièmement, la conception romantique du langage souligne le pouvoir créateur de l'image. C'est ce qui retiendra l'attention des surréalistes dans le romantisme.

▶ **Surréalisme**

André Breton possédait de nombreuses éditions des romantiques allemands, et on peut entendre dans les différents manifestes du surréalisme de multiples échos du romantisme. C'est tout d'abord le terme de « surnaturalisme » que Breton reprend explicitement à Nerval (qui l'avait utilisé dans la Préface des *Filles du feu*). Nerval désignait par là ce qui se situe derrière le monde, mais il se réappropriait aussi par ce mot un terme allemand et anglais désignant certains courants chrétiens. Le lien entre mystique et conception du langage menait déjà au désir d'explorer un arrière-monde. Baudelaire reprenait lui aussi le terme de « surréalité » en l'appliquant à Delacroix. Au-delà de ces filiations, Breton retrouve les inspirations les plus profondes de la quête romantique, et d'abord la tenue des contraires :

> Je crois à la résolution future de ces deux états, en apparence
> si contradictoires, que sont le rêve et la réalité, en une sorte
> de réalité absolue, de *surréalité*, si l'on peut ainsi dire.
>
> (*Premier manifeste du surréalisme*)

Cette dualité est libératrice parce qu'elle récuse le principe de non-contradiction, et l'idée même de valeurs fixes :

Surréalisme. N.M. Automatisme psychique pur par lequel on propose d'examiner, soit verbalement, soit par écrit, soit de toute autre manière, le fonctionnement réel de la pensée.

Dictée de la pensée, en l'absence de tout contrôle exercé par la raison, en dehors de toute préoccupation esthétique ou morale.

ENCYCL. *Philos.* Le surréalisme repose sur la croyance à la réalité supérieure de certaines formes d'associations négligées jusqu'à lui, à la toute-puissance du rêve, au jeu désintéressé de la pensée.

L'idée de dualité infinie, et créatrice, est la source de la poésie, jusque dans l'image. Pour Breton, la supériorité du symbole sur la comparaison réside dans son refus de garder les différences. La conjonction poétique efface toute valeur antérieure pour créer une nouvelle énergie, née du frottement des contraires. Breton retrouve ici une conception romantique de l'énergie poétique, celle du *Witz*, le mot d'esprit, dans lequel Friedrich Schlegel voyait l'association de deux pôles opposés, selon le modèle électrique. Le courant qui traverse le monde passe aussi à travers les esprits, et il se transmet dans le langage par cette construction poétique des contraires, qui ouvre l'infini.

Breton renouvelle l'intuition romantique d'un univers intérieur qui serait l'empire inconnu à explorer. Dans le *Second manifeste du surréalisme*, il écrit :

Rappelons que l'idée de surréalisme tend simplement à la récupération totale de notre force psychique par un moyen qui n'est autre que la descente vertigineuse en nous, l'illumination systématique des lieux cachés et l'obscurcissement progressif des autres lieux, la promenade perpétuelle en pleine zone interdite.

Outre la définition de l'image, les pouvoirs de l'esprit et la valorisation du rêve comme infini intérieur, Breton rejoint aussi des éléments plus précis de la pensée romantique, comme la quête d'un humour nouveau, et surtout le rapprochement entre l'acte de création et la situation de hors-venu social, voire l'acte criminel. « L'acte surréaliste le plus simple consiste, revolvers aux poings, à descendre dans la rue et à tirer au hasard, tant qu'on peut, dans la foule. » L'art est vécu comme une révolte contre la société bourgeoise, un acte de provocation, mais aussi l'acte gratuit par excellence, qui remet en cause toute utilité, toute morale, et tout système de valeurs. Ainsi, le romantisme avait défini le rôle de l'artiste comme celui d'un paria, ouvrant une brèche dans les systèmes en vigueur, se positionnant contre le monde tel qu'il est, et livrant par ses œuvres un geste aussi transgressif que le crime.

L'héritage du romantisme aujourd'hui : la naissance de l'idéal esthétique

Dans les galeries d'art contemporain, on trouve aujourd'hui des œuvres inachevées, ou si simples qu'elles paraissent avoir été faites sans art ou sans soin, et dont le texte explicatif est parfois plus long à lire que l'œuvre à contempler. Du moins tel est le reproche que l'on entend souvent dans le public et parmi les critiques. Ne croirait-on pas alors voir rejouer la situation même du romantisme ?

Le romantisme a ouvert la conception de l'art à la fois absolu et conditionnel. Il n'existe que par décision de l'artiste, comme pur geste, mais il est ensuite conditionné à sa réception par un public qui le regarde comme art. Puisque aucune règle ne saurait déterminer ce qui est art ou pas, tout peut devenir art. L'œuvre perd de son importance comme objet pour devenir un espace potentiel, celui où se rencontrent une décision de créateur et un regard de spectateur. Cela marque la fin des normes partagées : si chacun peut décider de ce qui est art, et le reçoit différemment, il n'y a plus de partage culturel. S'ouvrirait alors le règne de la subjectivité.

Lorsque aujourd'hui on parle d'une situation «romantique», on désigne le sentiment de l'amour doucereux, qui nie toute autre valeur pour ne parler qu'au cœur. C'est là une version réductrice du romantisme. Elle est devenue la conception populaire, mais elle hérite en fait de préjugés qui étaient le fait de critiques très savants. C'est en effet le philosophe Hegel, contemporain des romantiques, qui a critiqué leur esthétique. Il considérait que ces artistes oubliaient le monde et proclamaient l'empire du sujet, en défaisant toute valeur et en niant toute réalité au monde. Pour Hegel, il y a des choses plus importantes : l'Histoire, l'objectivité du monde à laquelle nous nous heurtons dans nos actions et notre travail, l'altérité des autres hommes qui nous font exister par leur regard. Hegel est devenu le philosophe le plus influent sur la pensée de la seconde moitié du xixe siècle et surtout du xxe siècle. Sa critique du romantisme est donc devenue populaire avec le reste de ses œuvres.

Il formule son antiromantisme dans ses cours d'esthétique (que ses élèves ont transcrits en traité théorique) :

L'artiste se met au-dessus de son sujet et de son œuvre, se regarde comme affranchi de toutes les conditions imposées par la nature déterminée du contenu comme de la forme, croit posséder en lui-même aussi bien les idées que la manière de les traiter, et s'imagine que tout dépend de son esprit et de la puissance de son talent.

Le philosophe formule là un élément essentiel : le romantisme ouvre en même temps l'ère de l'art absolu, qui n'est déterminé par aucune norme extérieure à l'œuvre et le règne du prosaïsme, où tout se vaut et où l'art perd son caractère distinctif. Hegel y voit à la fois le sommet de l'esthétique et sa mort, le moment où une forme n'est plus que sa propre caricature, une forme vide, sans les valeurs qu'elle devrait symboliser.

Or, Hegel, s'il a perçu le premier l'importance du romantisme et formulé un diagnostic lucide, en a aussi proposé une vision biaisée sur certains aspects. Dans sa critique de leur ironie subjective, il a sous-estimé combien les romantiques prenaient en compte le monde environnant, l'affrontement entre le sujet et le réel, et le pouvoir créateur qui naissait de la rencontre avec les différentes formes d'altérité. Il faut donc faire attention dans l'analyse du romantisme à ne pas plaquer des conceptions critiques héritées et déformantes, ou, au moins, s'il n'est pas possible de s'en défaire pour atteindre « l'objectivité », il nous faut avoir conscience de celles dont nous héritons.

La critique hégélienne du romantisme a influencé sa relecture. Mais, nous avons vu que diverses esthétiques ont revivifié l'héritage romantique. Aussi de nombreux courants de pensée poursuivent aujourd'hui l'idéal romantique, tant en politique – l'écologie notamment repose sur l'idéal d'une nature première à préserver et va contre l'idée de progrès rationaliste –, que dans le domaine des arts, comme en témoignent les collectifs de jeunes artistes qui se réunissent pour créer en groupe ou mêler les arts dans des œuvres proposant l'association de différents médias et supports.

Enfin, on peut considérer que le romantisme marque l'entrée dans une ère nouvelle : celle de l'écriture. Certes il n'est pas nouveau que la littérature soit écrite et non orale, mais les romantiques réfléchissent sur le gain que cela offre à l'œuvre. Au lieu de regretter la perte de l'immédiateté orale, ils cherchent à faire fructifier le délai, la différence des sens et la façon dont le sens peut être différé dans le temps et s'enrichir de cette distance. Aussi, la philosophie la plus contemporaine, celle de Jacques Derrida notamment, est parfois analysée comme une héritière du romantisme, et surtout du romantisme allemand : le texte littéraire est construit sur une dualité dynamique et il tient les contradictions sans les résoudre ; il joue avec les pouvoirs d'évocation du langage, leurs racines et le poids idéologique qui s'est historiquement sédimenté en eux ; l'œuvre se poursuit par ses commentaires à l'infini. Tous ces éléments s'inscrivent dans la réactualisation d'inspirations romantiques. Ils sont parfois critiqués comme des marques du relativisme moderne, mais ils témoignent d'un fait indéniable : nous sommes définitivement entrés avec le romantisme dans l'ère de la liberté esthétique, pas seulement de la liberté *en* art mais aussi de la liberté *par* l'art.

Bibliographie

PIERRE ALBOUY, *Mythographies*, Paris, Librairie José Corti, 1964.

PIERRE BARBÉRIS, « Les romantismes », in *Histoire littéraire de la France*, tome IV, 1789-1848, Paris, Éditions sociales, 1972.

JEAN-BERTRAND BARRÈRE, *La Fantaisie de Victor Hugo*, Paris, Librairie José Corti, 1949.

ALBERT BÉGUIN, *L'Âme romantique et le rêve*, Paris, Le Livre de Poche, Biblio essais, 1991.

PAUL BÉNICHOU, *Romantismes français I* et *II* : *Le Sacre de l'écrivain* et *Le Temps des prophètes*, *Les Mages romantiques* et *L'École du désenchantement*, Paris, Gallimard, Quarto, 2004.

PIERRE-GEORGES CASTEX, *Horizons romantiques*, Paris, Librairie José Corti, 1983.

COLLECTIF, sous la direction de GISÈLE SÉGINGER, *Écriture(s) de l'histoire*, Strasbourg, PUS, 2005.

COLLECTIF, *Lire « Les Misérables »*, textes réunis et présentés par ANNE UBERSFELD et GUY ROSA, Paris, Librairie José Corti, 1985.

COLLECTIF, *Modernité et romantisme* (textes réunis par Isabelle Bour, Éric Dayre et Patrick Née), Honoré Champion, 2001.

MARC CRÉPON, *Les Géographies de l'esprit*, Paris, Payot, 1996.

MICHEL CROUZET, *Le Rouge et le Noir. Essai sur le romanesque stendhalien*, Paris, PUF, 1995.

BÉATRICE DIDIER, *Le Journal intime*, Paris, PUF, 1976.

MICHEL ESPAGNE, *Les Transferts culturels franco-allemands*, Paris, PUF, 1999.

PHILIPPE LACOUE-LABARTHE et JEAN-LUC NANCY, *L'Absolu littéraire : théorie de la littérature du romantisme allemand*, Paris, Seuil, 1978.

PIERRE LAFORGUE, *L'Éros romantique. Représentations de l'amour en 1830*, Paris, PUF, Littératures modernes, 1998 ; *Romanticoco. Fantaisie, chimère et mélancolie (1830-1860)*, Vincennes, PUV, L'Imaginaire du Texte, 2001 ; *Hugo, romantisme et révolution*, Besançon, PUFC, « Littéraires », 2001 ; *L'Œdipe romantique. Le jeune homme, le désir et l'histoire en 1830*, Grenoble, ELLUG, 2002.

MICHAEL LÖWY et ROBERT SAYRE, *Révolte et mélancolie : le romantisme à contre-courant de la modernité*, Paris, Payot, 1992.

CLAUDE MILLET, *Le Légendaire au XIXe siècle. Poésie, mythe et vérité*, Paris, PUF, 1997.

MAX MILNER, *L'Imaginaire des drogues de Thomas Quincey à Henri Michaux*, Paris, Gallimard, 2000.

FLORENCE NAUGRETTE, *Le Théâtre romantique*, Paris, Seuil, Points essais, 2001.

CORINNE PELTA, *Le Romantisme libéral en France, 1815-1830. La représentation souveraine*, Paris, L'Harmattan, 2001.

MARIO PRAZ, *La Chair, la mort et le diable dans la littérature du XIXe siècle*, Paris, Gallimard, Tel, 1999.

JACQUES SEEBACHER, *Victor Hugo ou le calcul des profondeurs*, Paris, PUF, Écrivains, 1993.

JEAN-LUC STEINMETZ, *La France frénétique de 1830*, Paris, Phébus, Verso, 1978.

ANNE UBERSFELD, *Le Drame romantique*, Paris, Belin Sup., Lettres, 1993 ; *Le Roi et le bouffon*, Paris, Librairie José Corti, 1974.

Revue : *Romantisme, revue du XIXe siècle*, Paris, Sedes.

TABLE DES MATIÈRES

Cécile Backès, **La boîte à outils du théâtre en classe** (n° 213)
Christine Bénévent, **L'humanisme** (n° 187)
Xavier Bourdenet, **Le réalisme** (n° 202)
Eddie Breuil, **Les littératures «fin de siècle»** (n° 204)
Olivier Decroix, Marie De Gandt, **Le romantisme** (n° 188)
Alexandre Duquaire, **Les Lumières** (n° 180)
Alexandre Duquaire, **Étude de textes et synthèse** (n° 209)
Pierre-Louis Fort, **Critique et littérature** (n° 206)
Luc Fraisse, **L'histoire littéraire, un art de lire** (n° 191)
Suzanne Guellouz, **Le classicisme** (n° 201)
Sylvie Jopeck, **Le fait divers dans la littérature** (n° 202)
Mériam Korichi, **Penser l'histoire** (n° 204)
Mathieu Meyrignac, **L'argent** (n° 207)
Guillaume Peureux, **Le burlesque** (n° 193)
Guillaume Peureux, **Analyser les vers** (n° 205)
Luc Vigier, **Le surréalisme** (n° 181)
Jean-Luc Vincent, **Comment lire un texte à voix haute ?** (n° 189)
Jean-Luc Vincent commente **Fin de partie** de Samuel Beckett (n° 208)
Aliocha Wald Lasowski commente **L'enfance d'un chef** de Jean-Paul Sartre (n° 197)
Christian Zonza, **Le baroque** (n° 179)

Cet ouvrage a été composé
et mis en pages par Dominique Guillaumin, Paris,
et achevé d'imprimer
sur les presses de l'imprimerie Novoprint
en mai 2010
Imprimé en Espagne.

Dépôt légal : mai 2010
ISBN 978-2-07-043897-6

175752